U0688022

名师名校名校长

凝聚名师共识
回应名师关怀
打造名师品牌
培育名师群体

郭志东 ◎ 著

学本课堂视野下的

高中化学问题解决教学

陕西师范大学出版总社　西安

图书代号　JY24N2556SY

图书在版编目（CIP）数据

学本课堂视野下的高中化学问题解决教学 / 郭志东

著. -- 西安：陕西师范大学出版总社有限公司，2024.

12. -- ISBN 978-7-5695-5160-0

Ⅰ. G633.82

中国国家版本馆CIP数据核字第20259YN421号

学本课堂视野下的高中化学问题解决教学

XUEBEN KETANG SHIYE XIA DE GAOZHONG HUAXUE WENTI JIEJUE JIAOXUE

郭志东　著

出 版 人	刘东风
出版统筹	杨　沁
特约编辑	张小娅
责任编辑	刘　翠
责任校对	赵　倩
封面设计	言之凿
出版发行	陕西师范大学出版总社
	（西安市长安南路199号　　邮编 710062）
网　　址	http://www.snupg.com
印　　刷	北京政采印刷服务有限公司
开　　本	710 mm×1000 mm　　1/16
印　　张	15.25
字　　数	210千
版　　次	2024年12月第1版
印　　次	2024年12月第1次印刷
书　　号	ISBN 978-7-5695-5160-0
定　　价	58.00元

读者使用时若发现印装质量问题，请与本社联系、调换。

电话：（029）85308697

  教育进入新时代，以核心素养为纲的新课标对教学提出了新要求，带来了新挑战。新型教学的内涵是指以核心素养为导向的教学，其本质就是把知识转化为素养。具体来说，在教学目标上，强调从知识本位走向核心素养本位；在教与学的关系上，强调从以教为主走向以学为主；在学习方式和路径上，强调从坐而论道走向学科实践；在知识内容上，强调从知识点教学走向大概念教学。

  在当今教育改革的浪潮中，学本课堂作为一种新型的教学理念和模式，正受到广泛关注。学本课堂强调以学生为中心，注重培养学生的自主学习能力、合作学习能力和问题解决能力。而在高中化学教学中，问题解决教学是一种重要的教学方法，它能够激发学生的学习兴趣，培养学生的思维能力和创新精神。本书将学本课堂的理念与高中化学问题解决教学相结合，旨在为广大高中化学教师提供一种新的教学思路和方法。

  本书共分七章二十九节。第一章、第二章和第三章每章三节，共九节，针对学本课堂和问题解决教学进行理论概述；第四章共二节，就作者开展的问题解决教学相关课题研究进行介绍；第五章共六节，第六章共七节，就作者在高中化学问题解决教学中的实践案例进行分享；第七章共五节，介绍学本课堂视野下的高中化学问题解决教学中存在的问题，并提出相应的对策及展望。

　　本书是学本课堂理论与高中化学问题解决教学的理论与实践相结合的初步探索。虽然书中列举的实践案例是高中化学教学的内容，但对于初中教师以及其他学科教师都有一定程度的启示。通过阅读本书，读者可了解一名中学教师如何在教学中开展课题研究，学习先进的教育理论，并将理论充分地应用到教学实践中，在不断深入研究中撰写与课题相关的一系列论文，在课堂教学中不断探索，逐步形成自己独特的教学风格，直至形成自己的教学主张，进而引领和帮助学生形成学科核心素养。

目 录

学本课堂的内涵与特征

第一节　学本课堂的概念界定

　　学本课堂是一种以学生学习为本的课堂教学模式。在学本课堂中，学生是学习的主体和主人。学生积极主动地参与到学习过程中，通过自主学习、合作学习、探究学习等方式，实现知识的建构和能力的提升。教师在学本课堂中扮演着组织者、引导者和促进者的角色。教师的主要任务是为学生提供学习资源、创设学习情境、设计学习活动、引导学习方向、激发学习动力、促进学习交流，帮助学生更好地学习。

　　学本课堂强调以问题为导向，以任务为驱动，以活动为载体，以评价为手段，促进学生全面发展，它注重培养学生的自主学习能力、合作学习能力、探究学习能力、创新思维能力和实践能力，使学生在学习过程中不仅能够掌握知识，更能够学会学习、学会思考、学会合作、学会创新。

　　总之，学本课堂是一种以学生为中心，以学习为根本，以发展为目标的新型课堂教学模式。

学本课堂与传统课堂存在着显著的区别，主要体现在以下几个方面。

一、教学理念

传统课堂以教师为中心，强调教师是知识的传授者，学生被动接受知识，其教学重点在于教师将教材内容讲解清楚，学生的任务主要是听讲、记笔记和完成作业。

学本课堂以学生为中心，强调学生是学习的主体，教师是学生学习的组织者、引导者和促进者，其教学重点在于激发学生的学习兴趣和主动性，培养学生的自主学习能力和创新思维。

二、教学目标

传统课堂主要关注学生对知识的掌握程度，以考试成绩作为主要的评价标准，其教学目标较为单一，侧重于知识的传授和记忆。

学本课堂不仅关注学生的知识掌握情况，更注重学生的能力发展和综合素质的提升，其教学目标多元化，包括知识与技能、过程与方法、情感态度与价值观等多个方面。

三、教学方法

传统课堂以讲授法为主，主要是教师在课堂上进行大量的讲解，学生被动接受，其教学方法较为单一，缺乏互动性和趣味性。

学本课堂采用多样化的教学方法，如问题导向法、小组合作学习法、探究式学习法等，注重学生的参与和互动，激发学生的学习兴趣和积极性。

四、教学过程

传统课堂的教学过程通常是教师先讲解知识，然后学生进行练习和巩固，教学过程较为固定，缺乏灵活性和创新性。

学本课堂的教学过程更加灵活多样，注重学生的自主学习和探究。教师根据学生的学习情况和需求，适时调整教学内容和方法。教学过程中，学生通过自主学习、小组合作、探究等方式，积极参与学习活动，提高学习效果。

五、教学评价

传统课堂以考试成绩为主要的评价标准，评价方式单一，注重对学生学习结果的评价，忽视对学生学习过程的评价。

学本课堂采用多元化的评价方式，包括教师评价、学生自评、学生互评等，评价内容不仅包括学生的学习成绩，还包括学生的学习态度、学习方法、合作能力等方面。学本课堂注重对学生学习过程的评价，使教学评价能够及时反馈学生的学习情况，促进学生的学习和发展。

六、师生关系

传统课堂中的师生关系较为单一，教师是权威的代表，学生对教师存在一定的敬畏心理，师生之间的交流和互动较少，缺乏民主、平等、和谐的氛围。

学本课堂中的师生关系更加民主、平等、和谐。教师尊重学生的个性和差异，鼓励学生积极参与课堂讨论和互动。师生之间的交流和互动频繁，师生共同探讨问题，有利于进一步促进学生的学习和成长。

综上所述，学本课堂与传统课堂在教学理念、教学目标、教学方法、教学过程、教学评价和师生关系等方面存在着明显的区别。学本课堂更加注重学生的主体地位，强调学生的自主学习和创新思维，能够更好地满足学生的学习需求和发展要求。

第二节　学本课堂的理论基础

学本课堂有以下几个主要的理论基础。

一、人本主义学习理论

人本主义强调人的价值和尊严，指出学习应该是个人自我实现的过程，这与学本课堂的理念相契合。学本课堂尊重学生的个性差异和情感体验，注重培养学生的学习兴趣和积极性，让学生在愉悦的氛围中学习。人本主义认为学生具有自我实现的内在动力，学本课堂鼓励学生自主选择学习内容和学习方式，主张发挥学生的主观能动性，培养学生的独立学习能力。学本课堂不仅注重知识的传授，更注重学生的情感态度与价值观的培养，致力于促进学生的全面发展。

二、建构主义学习理论

建构主义学习理论指出，学习是学习者在一定的情境下，借助他人的帮助，利用必要的学习资源，通过意义建构的方式获得知识的过程。学本课堂创设真实的学习情境，提供丰富的学习资源，引导学生在情境中进行自主探究和合作学习，帮助学生建构自己的知识体系。建构主义强调学习者的主动参与和积极建构，这与学本课堂以学生为中心、注重学生学习过程和体验的理念相契合。

三、合作学习理论

合作学习理论强调学习者之间的互动与合作，认为合作学习可以促进学生的认知发展、情感交流和社会技能的培养。学本课堂注重小组合作学习，通过小组讨论、合作探究和共同解决问题等活动，培养学生的合作意识、团队精神和沟通能力。在合作学习中，学生可以相互学习、相互启发、相互支持，共同提高学习成绩和综合素质。

四、多元智能理论

多元智能理论指出，每个人都具有多种智能，这些智能在不同的人身上表现出不同的优势和特点。学本课堂尊重学生的个体差异，关注学生的多元智能发展，通过多样化的教学方法和评价方式，激发学生的潜能，促进学生的全面发展。在学本课堂中，教师根据学生的智能特点和学习需求，设计个性化的教学活动，满足不同学生的学习需求，让每个学生都能在学习中获得成功的体验。

第三节 学本课堂的特征

学本课堂具有以下几个主要特征。

一、自主性

学生在学本课堂中具有高度的自主性，他们能够自主确定学习目标、选择学习内容和学习方法，可以根据自己的兴趣、需求和能力，主动地进行学习规划和安排，积极地探索和发现知识。这种自主性能够激发学生的学习热情和内在动力，培养学生的独立思考和自我管理能力。

二、合作性

学本课堂强调合作学习。学生以小组为单位，共同完成学习任务。在合作学习过程中，学生相互交流、相互启发、相互帮助，共同解决问题。通过合作学习，学生可以培养团队合作精神、沟通能力和协作能力，同时也能够拓宽自己的思维视野，学会从不同的角度看待问题。

三、探究性

学本课堂鼓励学生进行探究式学习。学生在教师的引导下，围绕问题进行深入的探究和思考，通过查阅资料、实验观察、调查研究等方式，积极地寻找问题解决的方案。在探究过程中，学生能够培养创新思维能力、问题解决能力和实践能力，同时也能够加深对知识的理解和掌握。

四、开放性

学本课堂具有开放性的特点。学习内容和学习资源不再局限于教材和课堂，而是向其他领域拓展。学生可以通过网络、图书馆、社会实践等多种渠道获取学习资源，拓宽自己的知识面。同时，学本课堂也鼓励学生走出课堂，参与社会实践活动，将所学知识应用于实际生活中，从而提高学生的综合素质和实践能力。

五、生成性

学本课堂是一个动态的、生成性的课堂。在学习过程中，学生的思维和观点不断碰撞、交流和融合，产生新的问题、新的想法和新的见解。教师要善于捕捉这些生成性的资源，引导学生进行深入的思考和探究，促进学生的知识建构和能力提升。

六、发展性

学本课堂以学生的发展为根本目标，它不仅关注学生的知识学习，更注重学生的能力培养、情感态度与价值观的形成和个性发展。学本课堂通过多样化的教学方法和评价方式，满足不同学生的学习需求，促进学生的全面发展和可持续发展。

第二章

问题解决教学概述

第一节　问题解决教学的起源与发展

问题解决教学有着悠久的历史渊源和不断发展的历程。

一、起源

问题解决教学的思想可以追溯到古代哲学家苏格拉底的"产婆术"。苏格拉底通过不断地提问，引导对话者自己思考并得出结论，这种以问题为导向的对话方式可以看作是问题解决教学的早期雏形。在那个时期，教育更注重培养学生的思考能力和逻辑推理能力，问题的提出和探讨成为重要的教学手段。

二、近代发展

在近代，随着科学技术的飞速发展和教育理念的不断更新，问题解决教学逐渐受到更多的关注。19世纪末20世纪初，美国教育家杜威提出了"做中学"的教育理念，强调学生要通过实际的活动和问题解决来学习知识。杜威认为，教育应该与生活实际相结合，学生在解决实际问题的过程中能够更好地理解和掌握知识，同时培养自己的思维能力和创造力。

三、20世纪的发展

20世纪50年代至70年代，认知心理学的兴起为问题解决教学提供了理论支持。认知心理学家们研究了人类的思维过程和问题解决策略，发现问题解决是一个复杂的认知过程，涉及信息的获取、加工、存储和提取等多个环节。这些研究成果为问题解决教学提供了科学依据，使教师能够更好地理解学生解决问题的过程，并设计出更有效的教学方法。

20世纪80年代，美国提出了问题解决教学模式，将问题解决作为一种重要的教学方法广泛应用于各个学科领域。在这个时期，问题解决教学强调以学生为中心，通过问题设置组织教学，激发学生的主观能动性，提升学生解决实际问题的能力。

四、当代的发展

在当代，问题解决教学在全球范围内得到了广泛的应用和快速的发展。随着信息技术的飞速发展，问题解决教学也不断地融入新的技术手段，如在线学习平台、虚拟实验室等，为学生提供了更加丰富和多样化的学习资源和学习体验。同时，问题解决教学也更加注重跨学科的融合和学生创新能力的培养，鼓励学生运用多学科的知识和方法来解决实际问题。

从古代的哲学思想中萌芽，经过近代和现代的不断发展和完善，问题解决教学已经成为一种重要的教学方法和教育理念。在当今时代，问题解决教学将继续发挥着重要的作用，为培养具有创新精神和实践能力的高素质人才做出贡献。

第二节　问题解决化学教学的
意义与价值

问题解决化学教学具有重大的意义与价值，主要体现在以下几个方面。

一、对学生的意义与价值

1. 激发学习兴趣

问题解决教学以实际问题为切入点，将化学知识与现实生活紧密联系在一起。具体的问题情境会使学生产生强烈的好奇心和探究欲望，从而激发学生对化学学习的兴趣。例如，在化学反应速率的教学中，提出"为什么食物在夏天比在冬天更容易变质？"这样的问题，能让学生直观地感受到化学反应速率在生活中的体现，进而积极主动地去探索影响化学反应速率的因素。

问题的解决过程充满挑战和成就感，当学生通过自己的努力找到问题的答案时，就会获得极大的满足感，进一步增强学习的动力。

2. 培养思维能力

问题解决教学要求学生分析问题、提出假设、设计实验、收集数据、得出结论等，这个过程充分锻炼了学生的逻辑思维能力、批判性思维能力和创造性思维能力。例如，在探究原电池的工作原理时，学生需要根据实验现象进行推理，分析电子的流向、离子的移动等，这培养了学生的逻辑思维能力；同时，学生还需要对不同的实验方案进行评价和改进，这有助于发展学生的批判性思维；而设计新型原电池的过程，能激发学生的创造性思维能力。

问题的多样性和复杂性促使学生从不同角度思考问题，拓宽了学生思维的广度和深度。比如，对于"大气污染治理中的化学问题"这一综合性问题，学生需要综合运用化学、物理、生物学等学科知识，从多个方面进行思考。这一过程提升了学生思维的综合性和灵活性。

3. 提高实践能力

化学是一门实验科学，问题解决教学常常涉及实验探究。学生通过动手实验，掌握实验操作技能，提高实验设计和数据分析能力。例如，在研究酸碱中和滴定时，学生需要准确地进行滴定操作，记录实验数据，并根据数据计算出未知溶液的浓度，这一过程锻炼了他们的实验实践能力。

问题解决教学有时还需要学生进行实地调查、查阅资料等活动，帮助学生培养社会实践能力。比如，在探讨水污染的治理问题时，学生可以实地考察附近的河流、湖泊等水域，了解水污染的现状，提出治理建议，增强对社会问题的关注和解决实际问题的能力。

4. 促进自主学习

问题解决教学强调学生的主体地位，学生在解决问题的过程中需要自主地进行学习和探索。通过主动查阅资料、与同学讨论、请教教师等方式，培养了学生自主学习的习惯和能力。例如，在学习有机化合物的性质时，学生如遇到不熟悉的有机物，可以通过查阅化学专业书籍、上网搜索等方式了解其结构和性质，并在这一过程中逐渐学会自主获取知识。

问题的开放性和不确定性也促使学生不断地反思和调整自己的学习策略，从而提高学习的效率和质量。

二、对教师的意义与价值

1. 提升教学水平

问题解决教学要求教师精心设计问题情境，引导学生进行思考和探究。这就需要教师深入研究教材和学生，掌握丰富的教学方法和策略，不断提升自己的教学水平。例如，教师可以根据学生的认知水平和兴趣爱好，设计出既具有挑战性又能激发学生学习兴趣的问题，也可以运用启发式、讨论式等教学方法，引导学生积极参与问题解决的过程。

问题解决教学中学生的反馈将会更加及时和多样化，教师可以根据学生的表现和反馈，及时调整教学策略，改进教学方法，从而提高教学的针对性和有效性。

2. 促进专业发展

实施问题解决教学需要教师不断地学习和更新自己的知识。化学教师要关注化学学科的前沿动态，了解最新的科研成果和教学方法，并将其融入教学中。例如，在讲解新型材料时，教师需要了解纳米材料、高分子材料等新型材料的发展现状和应用前景，丰富自己的知识储备，提升专业素养。

问题解决教学还鼓励教师开展教学研究，探索问题解决教学的规律和方法。教师可以通过教学反思、行动研究等方式，总结教学经验，撰写教学论文，参与教学交流活动，促进自己的专业发展。

三、对化学学科发展的意义与价值

1. 培养创新人才

问题解决教学注重培养学生的创新思维和实践能力，可为化学学科的发展培养具有创新精神的后备人才。这些学生在未来可能成为化学家、工程师、科研人员等化学专业人才，为化学学科的创新和发展做出贡献。例如，许多著名的化学家在学生时代就通过参与问题解决式的学习和研究，培养了对化学学习的兴趣和创新能力，并最终在化学领域取得了重大成就。

此外，学生在问题解决过程中提出的新观点、新方法也可能为化学学科的发展提供新的思路和启示。

2. 推动学科融合

问题解决教学常常涉及跨学科的问题，需要学生综合运用化学、物理、生物学、数学等多学科知识来解决问题。这有助于打破学科界限，促进学科融合，推动化学学科与其他学科的协同发展。例如，在研究环境保护中的化学问题时，需要学生综合考虑化学、生物学、地理等多个学科的知识，共同探讨解决环境问题的方法。

学科融合也为化学学科的发展带来了新的机遇和挑战，促使化学学科研究领域不断拓展，研究方法不断创新。

3. 增强学科应用价值

问题解决教学强调化学知识在实际生活中的应用，使学生认识到化学学科的重要性和实用价值。这不仅有助于提高社会对化学学科的认可度，还能吸引更多的人关注和支持化学学科的发展。例如，通过解决食品安全中的化学问题、提出能源危机中的化学解决方案等实践应用，展示了化学学科在保障人类健康、促进可持续发展等方面的重要作用。

问题解决教学还可以促进化学学科与企业的合作，推动化学科研成果的转化和应用，为经济社会的发展做出贡献。

第三节 化学问题解决教学的
基本原则

化学问题解决教学应遵循以下基本原则。

一、科学性原则

1. 问题的科学性

化学问题必须基于科学事实和化学原理，不能违背化学学科的基本规律。例如，教师在设计关于化学反应的问题时，问题中的反应条件、物质性质等必须符合实际的化学知识。

问题的表述要准确、清晰，避免产生歧义或误导学生。例如，"哪种物质在加热时会分解？"这样的问题表述明确，学生能够准确理解问题的要求。

2. 教学内容的科学性

教师在进行化学问题解决教学时，所传授的知识和方法必须是科学准确的。教师要依据化学课程标准和教材，确保教学内容的系统性和完整性。

对于一些有争议的化学问题或前沿研究成果，教师应客观地介绍不同的观点和研究进展，引导学生进行批判性思考，而不是片面地强调某一种观点。

二、启发性原则

1. 问题的启发性

问题应具有一定的深度和广度，能够激发学生的思考和探索欲望。例如，"为什么在相同条件下，不同的化学反应速率会有很大差异？"这一问题可以引导学生从多个方面思考影响化学反应速率的因素。

问题要具有开放性，能够鼓励学生提出不同的解决方案和观点。例如，"如何设计一个实验来证明某种物质具有氧化性？"这样的问题没有唯一的标准答案，学生可以发挥自己的创造力，提出多种实验方案。

2. 教学方法的启发性

教师在教学过程中要采用启发式的教学方法，如提问、引导、讨论等，引导学生发现问题、分析问题和解决问题。例如，在讲解化学平衡问题时，教师可以通过提问"如果改变某个条件，化学平衡会如何移动？"引导学生运用化学平衡原理分析问题。

教师要善于利用各种教学资源，如实验、多媒体等，启发学生的思维。例如，教师通过播放化学反应的视频，让学生观察化学现象，提出问题，进而引导学生深入探究化学反应的本质。

三、主体性原则

1. 学生的主体地位

在化学问题解决教学中，教师要充分尊重学生的主体地位，让学生成为问题解决的主体。教师要引导学生积极主动地参与问题解决的过程，而不是直接告诉学生答案。

同时，教师要给学生足够的时间和空间去思考、探索和交流，鼓励学生发表自己的观点和想法。例如，在小组讨论中，每个学生都有机会表达自己的见解，共同探讨问题的解决方案。

2. 教师的引导作用

虽然学生是问题解决教学的主体，但教师在教学过程中起着重要的引导作用。教师要根据学生的实际情况，合理地设计问题，引导学生朝着正确的方向思考。

当学生在问题解决过程中遇到困难时，教师要及时给予指导和帮助，为学生提供必要的信息和资源，促进学生问题解决能力的提高。

四、情境性原则

1. 问题情境的创设

化学问题应尽可能地创设在真实的情境中，使学生感受到化学知识与实际生活的紧密联系。例如，教师通过创设"如何去除水中的重金属离子？"这样的问题情境，让学生了解化学知识在环境保护中的应用。

问题情境也可以通过实验、案例、故事等多种方式创设，从而更好地激发学生的学习兴趣和积极性。例如，教师通过讲述化学史上的著名实验故事，引出相关的化学问题，让学生在了解化学史的同时，提高问题解决的能力。

2. 情境与问题的关联性

问题情境与提出的化学问题要有紧密的关联性，不能为了创设情境而创设情境。问题情境要能够为学生解决问题提供必要的信息和线索，帮助学生更好地理解问题和找到解决方案。

教师要引导学生从问题情境中提取关键信息，分析问题的本质，将情境中的问题转化为化学学科问题，运用化学知识和方法解决问题。

五、合作性原则

1. 小组合作学习

化学问题解决教学可以采用小组合作学习的方式，让学生在合作中共同解决问题。同时，小组合作也可以培养学生的团队合作精神和沟通交流能力。

教师要合理分组，根据学生的学习能力、性格特点等因素，将学生分成不同的小组，确保每个小组都能有效地进行合作学习。同时，教师要明确小组内每个成员的职责，让学生在合作中有明确的任务和目标。

2. 师生合作交流

问题解决教学过程中，师生之间也应进行积极的合作交流。教师要倾听学生的想法和意见，与学生共同探讨问题的解决方案。

教师可以通过提问、反馈等方式，引导学生深入思考问题，促进学生问题解决能力的提高。同时，学生也可以向教师提出自己的困惑和问题，寻求教师的帮助和指导。

六、发展性原则

1. 关注学生的发展

化学问题解决教学要以学生的发展为根本目标，不仅要关注学生对化学知识的掌握，更要关注学生思维能力、实践能力、创新能力等综合素质的培养。

教师要根据学生的不同发展阶段和特点，设计不同难度和类型的问题，满足学生的发展需求。例如，对于低年级的学生，教师可以设计一些简单的实验探究问题，培养学生的观察能力和实验操作能力；对于高年级的学生，教师可以设计一些综合性的问题，培养学生分析问题和解决问题的能力。

2. 教学的持续发展

问题解决教学是一个不断发展和完善的过程。教师要不断地反思自己的教学实践，总结经验教训，完善教学方法和策略。

教师要关注化学学科的发展动态，及时将新的知识和方法引入教学中，使教学内容和方法始终保持与时俱进。同时，教师还要积极参与教学研究和交流活动，与同行分享经验，共同促进化学问题解决教学的发展。

第三章

问题解决的相关理论

第一节　认知心理学视角下的
问题解决

从认知心理学的视角来看，问题解决是一个复杂而又关键的心理过程。

一、问题解决的认知过程

1. 问题识别与理解

问题解决的第一步是识别问题并理解问题的本质。在这个阶段，个体需要从周围环境中提取相关信息，确定问题的存在，并对问题进行分析和解释。例如，在化学问题中，学生需要识别出给定的化学现象或实验结果所对应的问题，并理解问题中涉及的化学概念和原理。

问题的理解受到个体已有知识经验的影响。知识丰富的人能够更快速、更准确地理解问题，而知识储备不足的人可能会在问题理解上遇到困难。

2. 问题表征

问题表征是将问题以某种形式在头脑中呈现出来的过程。良好的问题表征对于问题解决至关重要，它决定了个体后续的思考方向和解决策略。在化学问题中，问题表征可以是文字描述、图表、化学方程式等形式。

不同的问题表征形式可能会影响问题解决的难度和效率。例如，对于一个化学反应平衡的问题，用化学方程式和平衡常数来表征可能比用文字描述更容易找到解决问题的思路。

3. 策略选择与应用

在理解和表征问题之后，个体需要选择合适的问题解决策略。问题解决策略可以分为算法式策略和启发式策略。算法式策略是一种按部就班地解决问题的方法，只要遵循特定的步骤，就一定能得到问题的答案。但在实际问题中，很多问题无法用算法式策略解决，这时就需要使用启发式策略。

启发式策略包括手段–目的分析、逆向搜索、类比等。在化学问题解决中，手段–目的分析可以帮助学生将问题分解为若干个子目标，逐步实现问题的解决；逆向搜索则是从问题的目标状态出发，反向推导解决问题的步骤；类比可以让学生借鉴类似问题的解决方法来解决新问题。

4. 方案实施与调整

选择好问题解决策略后，个体需要实施该策略并观察结果。在实施过程中，可能会遇到各种困难和阻碍，个体需要及时调整策略或方案。例如，在进行化学实验时，可能会出现实验结果与预期不符的情况，这时就需要分析原因，调整实验方案。

5. 结果评价与反思

问题解决后，个体需要对结果进行评价，判断结果是否达到了问题的要求。同时，还需要对整个问题解决过程进行反思，总结经验教训，以便在今后遇到类似问题时能够更高效地解决。在解答化学问题时，学生可以通过比较实验结果与理论预测来评价问题解决的效果，并回顾在问题解决过程中所学到的化学知识和方法。

二、影响问题解决的认知因素

1. 知识经验

个体已有的知识经验是影响问题解决的重要因素。丰富的知识经验可以帮助个体更好地理解问题、选择合适的问题解决策略，并提高问题解决的效率。在化学学习中，学生掌握的化学概念、原理、实验技能等知识越多，就越容易解决化学问题。

知识的组织方式也会影响问题解决。合理的知识结构可以使个体快速提取需要的相关知识，而混乱的知识结构则会阻碍问题解决。因此，教师在教学中应注重帮助学生构建良好的知识结构。

2. 思维能力

问题解决需要个体具备一定的思维能力，包括逻辑思维能力、批判性思维能力、创造性思维能力等。逻辑思维可以帮助个体进行推理和分析，批判性思维可以帮助个体对问题和解决方案进行评价和反思，创造性思维则可以帮助个体提出新颖的问题解决方法。

教师可以通过设计问题、引导讨论等方式培养学生的思维能力，提高学生的问题解决能力。

3. 认知风格

认知风格是个体在认知过程中所表现出的习惯化的行为方式，不同的认知风格会影响个体对问题的感知、理解和解决方式。例如，场独立型的人在问题解决时更倾向于独立思考，而场依存型的人则更依赖于外部线索和他人的意见。

教师应了解学生的认知风格，因材施教，为不同认知风格的学生提供适合他们的问题解决环境和指导。

4. 动机与情绪

动机和情绪也会对问题解决产生影响。强烈的动机可以激发个体的积极性和主动性，促使个体努力解决问题。而积极的情绪则可以提高个体的思维灵活性和创造力，有利于问题解决。相反，消极的情绪则会降低个体的问题解决能力。

教师可以通过激发学生的学习兴趣、给予适当的奖励等方式提高学生的学习动机，同时营造积极的课堂氛围，调节学生的情绪状态，也有利于促进问题解决。

三、认知心理学对化学问题解决教学的启示

1. 创设问题情境

基于认知心理学的理论，教师在化学教学中应创设真实、有趣

的问题情境，激发学生的问题意识和学习兴趣。问题情境可以来源于生活实际、化学实验、科学研究等，让学生在问题解决的过程中感受到化学的实用性和趣味性。

2. 引导问题表征

教师要引导学生学会正确地表征问题，帮助学生从不同角度理解问题，选择合适的问题解决策略。教师可以通过提问、讨论、画图等方式引导学生进行问题表征，提高学生的问题解决能力。

3. 培养思维能力

化学问题解决教学应注重培养学生的思维能力，如逻辑思维能力、批判性思维能力和创造性思维能力。教师可以通过设计开放性问题、组织小组讨论、进行实验探究等活动，培养学生的思维能力，提高学生的问题解决水平。

4. 关注个体差异

认知心理学强调个体差异，教师在教学中应关注学生的知识经验、认知风格、动机和情绪等方面的差异，因材施教，为每个学生提供个性化的学习支持和指导，促进全体学生的共同发展。

从认知心理学的视角来看，问题解决是一个复杂的心理过程，受到多种因素的影响。因此，在化学问题解决教学中，教师应充分考虑这些因素，运用认知心理学的理论和方法，提高教学效果，培养学生的问题解决能力和创新思维。

第二节 建构主义视角下的问题解决

建构主义作为一种重要的学习理论，强调学习者在学习过程中的主动建构和知识的自我生成。建构主义为问题解决提供了独特的视角和深刻的理解。从建构主义的观点来看，问题解决不仅仅是找到一个答案的过程，更是学习者通过与环境的交互，构建知识、发展思维和提升能力的重要途径。建构主义关注学习者如何在已有经验的基础上，主动地对问题进行探索、理解和解决，从而实现知识的深化和拓展以及自身认知结构的不断完善。

一、建构主义的核心观点与问题解决

（一）知识观

1. 知识的建构性

建构主义认为知识不是客观存在的被发现的东西，而是学习者在与环境交互的过程中主动建构的结果。在问题解决中，这意味着学习者不是被动地接受问题所呈现的信息和知识，而是根据自己已有的知识经验和认知结构，对问题进行理解和解释，从而构建出对问题的独特认知。例如，在解答一道化学平衡问题时，学习者会根据自己对化学平衡概念、原理以及相关化学反应知识的理解来分析问题中的条件和数据，构建出解决问题的思路和方法。即使面对相同的问题情境，不同的学习者由于知识基础和认知方式的差异，可能会构建出不同的问题解决方案。

2. 知识的情境性

知识是具有情境性的，它不是脱离具体情境而孤立存在的。建构主义强调知识只有在具体的情境中才能被真正地理解和应用。在问题解决中，问题往往是基于特定的情境提出的，学习者需要将所学知识与问题情境相结合，才能有效地解决问题。例如，在化学实验中遇到的问题，学习者需要将化学理论知识与实验操作的实际情境相联系，理解实验现象背后的化学原理，并运用这些原理来解决实验中出现的问题，如控制实验条件以达到预期的反应效果等。这种情境性的知识建构使得学习者能够更好地理解知识的实际应用价值，提高知识的迁移能力，即在不同情境中运用知识解决问题的能力。

（二）学习观

1. 学习的主动建构性

建构主义认为学习是学习者主动建构知识的过程，而不是被动地接受知识的灌输。在问题解决中，学习者积极主动地参与到问题的分析、探究和解决过程中，他们通过思考、推理、实验等活动，对问题进行深入的理解和探索，不断尝试构建合理的解决方案。在这个过程中，学习者不仅构建了关于该问题的知识体系和解决方案，还进一步深化了对相关化学知识的理解和掌握，提升了自己的思维能力和问题解决能力。

2. 学习的社会互动性

学习是一个社会互动的过程，学习者在与他人的交流、合作和互动中不断建构和完善自己的知识体系。在问题解决中，小组合作学习、讨论等活动可以为学习者提供丰富的互动机会。通过与同伴的交流和讨论，学习者可以收获不同的观点和思路，从他人那里获得新的启发和信息，从而拓宽自己的思维视野，更全面、更深入地理解问题。例如，在一个化学项目研究中，学生们组成小组共同解决一个关于环境污染治理的化学问题。在小组讨论中，不同的学生可能会提出不同的治理方案和思路，他们通过相互交流、辩论和合作，最终整合出一个更为完善的解决方案。同时，在互动过程中，学习者还可以学习到他人的思考方式和问题解决策略，进一步丰富自己的认知结构和问题解决能力。

（三）教学观

1. 以学习者为中心

建构主义的教学观强调以学习者为中心，教师的角色不再是知识的传授者，而是学习的组织者、引导者和促进者。在问题解决教学中，教师要尊重学生的主体地位，鼓励学生积极主动地参与问题解决过程。教师要为学生提供丰富的问题情境和学习资源，引导学生自主地发现问题、提出问题，并帮助学生制订解决问题的计划和策略。教师在这个过程中要给予学生充分的自主空间，让学生在探索的过程中不断建构自己的知识体系，提高理解能力。

2. 情境创设与支架搭建

为了促进学生知识体系的建构和问题解决能力的发展，教师需要创设真实、有意义的问题情境，并为学生搭建适当的"支架"。问题情境要贴近学生的生活实际和认知水平，能够激发他们的学习兴趣和探究欲望。"支架"则是在问题解决的过程中，教师要为学生提供必要的支持和引导，帮助他们逐步克服困难，完成知识体系的建构和问题的解决。

二、建构主义视角下问题解决的教学策略

1. 创设真实的问题情境

教师应该创设真实的、与学生生活经验相关的问题情境，让学生感受到问题的真实性和重要性。例如，在化学教学中，教师可以通过展示实际生活中的化学现象、化学事故等具体事例，引发学生的思考和探究。

此外，问题情境的创设还应该具有一定的复杂性和开放性，让学生有足够的空间进行探索和创造。

2. 提供多样化的学习资源

为了支持学生的问题解决和知识体系建构，教师应该提供多样化的学习资源，如教材、实验器材、多媒体资料、网络资源等。学

生可以根据自己的需要和兴趣选择合适的学习资源，进行自主学习和探究。

教师还可以引导学生学会有效地利用学习资源，提高学习的效率和质量。

3. 引导学习者进行自主探究

在问题解决过程中，教师应该引导学生进行自主探究，而不是直接告诉学生答案。教师可以通过提问、启发、引导等方式，帮助学生明确问题的关键所在，制订解决问题的计划，并逐步实施计划。

自主探究可以培养学生的独立思考能力和问题解决能力，让他们在探究的过程中体验到学习的乐趣和成就感。

4. 组织合作学习活动

教师可以组织合作学习活动，让学生在小组讨论中共同解决问题。合作学习既可以促进学生之间的知识共享和交流，又可以培养学生的团队合作能力和沟通交流能力。

在合作学习中，教师应该明确小组的任务和目标，引导小组成员分工合作，共同完成任务。同时，教师还应该对小组的学习过程进行监控和指导，及时解决小组中出现的问题。

三、建构主义视角下问题解决的评价方式

1. 过程性评价

建构主义强调学习的过程性，因此在问题解决的评价中，应该注重对学习过程的评价。过程性评价可以包括学习者在问题解决过

程中的参与度、合作能力、思维能力、探究能力等方面的表现。

教师可以通过观察、记录、提问等方式对学生的学习过程进行评价，及时反馈学生的学习情况，引导学生调整学习策略。

2. 作品评价

问题解决的结果通常以作品的形式呈现，如实验报告、研究论文、解决方案等。教师可以通过对学生的作品进行评价，了解学生对知识的掌握程度和问题解决能力。

作品评价应该注重作品的创新性、实用性、科学性等方面，鼓励学习者在问题解决过程中发挥创造力，提出新颖的解决方案。

3. 自我评价与同伴评价

建构主义鼓励学习者进行自我评价和同伴评价。自我评价可以帮助学习者反思自己的学习过程和问题解决能力，发现自己的不足之处，从而调整学习策略。同伴评价可以促进学习者之间的交流和合作，让学习者从不同的角度看待问题，拓宽思维的广度和深度。

教师可以引导学生制订自我评价和同伴评价的标准，让学生的评价有据可依。同时，教师还应该对学生的评价过程进行指导和监督，确保评价的客观性和公正性。

从建构主义的视角来看，问题解决是一个积极主动的知识建构过程。在化学教学中，教师应该以问题为导向，创设真实的问题情境，提供多样化的学习资源，引导学生进行自主探究和合作学习，采用过程性评价、作品评价和自我评价与同伴评价等方式，促进学生知识体系建构和问题解决能力的提高。

四、建构主义视角下问题解决教学的策略与方法

（一）基于问题的学习

1. 问题设计

教师要精心设计具有启发性、挑战性和情境性的问题。问题应该能够激发学生的兴趣和好奇心，同时要与教学目标和学生的知识水平相适应。问题可以来源于生活实际、科学研究、学科前沿等领域。例如，教师可以设计一个关于如何利用可再生能源解决能源危机的问题，让学生在问题解决的过程中学习物理、化学、生物学等相关学科知识。问题的难度要适中，既不能过于简单，让学生轻易得到答案，失去学习的动力，也不能过于复杂，让学生感到无从下手，产生挫败感。

2. 学习过程引导

在基于问题的学习过程中，教师要引导学生进行自主探究和合作学习。教师可以提供一些必要的学习资源和指导，如参考书籍、网络资料、实验设备等，帮助学生更好地开展问题解决活动。教师要鼓励学生积极思考、提出假设、收集证据、验证假设，并在小组中分享自己的观点和经验。同时，教师要适时地引导和点拨学生，帮助学生克服困难，避免学生走弯路。例如，在学生进行化学实验探究时，教师可以引导学生思考实验方案的合理性、实验操作的注意事项等，提高学生实验的效率和质量。

3. 学习成果评价

教师要对学生的学习成果进行全面、客观的评价。评价不仅要关注问题解决的结果，还要关注学生在问题解决过程中的表现，如学习态度、合作能力、创新思维等。评价方式可以多样化，包括教师评价、学生自评、小组互评等。例如，教师可以组织学生进行小组汇报，让学生展示问题解决过程和结果，然后由教师和其他小组进行评价和提问。通过评价，学习者可以了解自己的学习情况，发现自己的不足之处，从而进一步改进和提高。

（二）合作学习

1. 小组组建

教师要根据学生的特点和学习任务的要求，合理地组建学习小组。小组规模一般以4人至6人为宜，小组成员之间要有一定的差异性，包括学习能力、知识基础、性格特点等方面。这样可以促进小组成员之间的相互学习和交流，提高合作学习的效果。例如，在一个化学实验项目中，教师可以将理论知识扎实的学生、实验操作能力强的学生和思维活跃的学生组合在一起，形成优势互补的小组。

2. 合作任务分配

教师要为小组分配明确的合作任务，任务要具有一定的复杂性和挑战性，需要小组成员共同努力才能完成。合作任务可以被分解为多个子任务，每个成员负责一个或多个子任务，然后通过合作交流将各个子任务的成果整合起来。例如，在一个关于环境污染治理的项目中，可以将任务分解为污染源调查、治理方案设计、效果评估等子任务，让小组成员分别负责不同的子任务，共同完成整个项目。

3. 合作过程指导

在合作学习过程中，教师要对小组进行适时的指导和监控。教师要引导小组成员明确各自的职责和任务，帮助小组成员制订合理的合作计划和流程。教师还要鼓励小组成员积极参与讨论和交流，相互倾听和尊重他人的意见，营造良好的合作氛围，培养团队精神。同时，教师要及时发现小组合作中存在的问题，如小组成员之间的冲突、任务分配不合理等，并给予及时地解决和调整。当小组讨论出现分歧时，教师可以引导学生从不同的角度思考问题，寻求共识，或者通过投票等方式决定解决方案。

4. 合作效果评价

教师要对小组合作学习的效果进行评价。评价可以从小组整体表现和个人表现两个方面进行。小组整体表现包括任务完成情况、合作过程的有效性、成果的质量等方面；个人表现包括个人在小组中的贡献、合作能力、学习收获等方面。评价方式可以采用教师评价、小组自评、小组互评等多种方式相结合。例如，教师可以根据小组提交的报告、展示的成果以及小组内部的评价记录等资料，对小组和个人进行综合评价，给予学生相应的奖励和反馈，从而激励学生更好地参与合作学习。

（三）情境教学

1. 创设真实情境

教师要创设与教学内容相关的真实情境，让学生在情境中进行问题解决和学习。情境可以是生活中的实际场景、实验场景、模拟场景等。例如，在教授化学平衡时，教师可以创设一个工业生产中合成氨反应的情境，让学生了解化学平衡在实际生产中的应用和调控。真实情境可以让学习者更好地认识到知识的实用性和价值，提高学习的积极性和主动性。

2. 情境中的问题引导

在情境中，教师要通过问题引导学生进行思考和探究。问题要与情境紧密结合，具有启发性和引导性。例如，在上述合成氨反应的情境中，教师可以提出如"如何提高合成氨的产率？""改变哪些条件会影响化学平衡的移动？"等问题，引导学生运用化学平衡的知识分析和解决问题。通过问题引导，学习者可以在情境中逐步深入地理解知识，提高问题解决能力。

3. 情境体验与反思

学习者要在情境中进行体验和实践，通过亲身参与和感受，加深对知识的理解和掌握。同时，学习者要对情境中的问题解决过程进行反思，总结经验教训，提高自己的思维能力和学习能力。例如，在合成氨反应的相关问题解决后，学生可以反思自己在分析问题、运用知识、实验操作等方面的表现，思考如何在今后的学习中更好地应用所学知识解决实际问题。

五、结论

建构主义视角下的问题解决强调学习者的主动建构和知识的情境性，为我们理解和实施问题解决教学提供了重要的理论指导和实践方法。通过问题情境的感知与理解、知识经验的激活与调用、问题解决策略的构建与尝试、知识体系的建构与整合以及反思与评价等过程，学习者能够在问题解决过程中不断发展自己的认知能力和创新能力，建构更加完善的知识体系。在教学中，采用基于问题的学习、合作学习和情境教学等策略与方法，可以有效地促进学习者的问题解决能力和综合素质的提升。然而，建构主义视角下的问题解决教学也面临一些挑战，如如何设计更加合理的问题和情境、如何引导学习者进行有效的合作学习、如何评价学习者的知识体系建构和问题解决能力等。未来的研究和实践需要我们不断探索和创新，以更好地发挥建构主义在问题解决教学中的优势，培养适应社会发展需要的创新型人才。

第三节　元认知理论视角下的
问题解决

从元认知理论的视角来看，问题解决是一个涉及元认知知识、元认知体验和元认知监控的复杂过程。

一、元认知理论的核心概念与问题解决的关系

1. 元认知知识

元认知知识是指个体关于自己认知过程的知识，包括对自己认知能力、认知任务和认知策略的了解。在问题解决中，元认知知识可以帮助个体认识到问题的性质、难度和问题解决所需的知识和技能。

在化学问题解决中，学生如果了解自己对化学概念的掌握程度、实验操作的能力以及问题解决的常用策略，就能够更有针对性地选择合适的方法来解决问题。

2. 元认知体验

元认知体验是指个体在认知过程中产生的情感和体验，如困惑、兴奋、自信等。元认知体验可以影响个体对问题的态度和问题解决的动力。

当学生在化学问题解决中遇到困难时，可能会产生困惑和焦虑的情绪体验，这时他们需要调整自己的心态，积极寻找问题解决的方法。而当学生成功解决问题时，就会产生兴奋和自信的情绪体验，这将进一步激发他们问题解决的兴趣和动力。

3. 元认知监控

元认知监控是指个体对自己认知过程的监控和调节，包括制订计划、选择策略、评估结果等。在问题解决中，元认知监控可以帮助个体有效地管理自己的认知资源，提高问题解决的效率和质量。

在化学实验问题解决中，学生可以先制订实验计划，选择合适的实验方法和仪器，在实验过程中不断观察和调整实验操作，最后对实验结果进行评估和反思。

二、元认知理论视角下问题解决的过程

1. 问题识别与分析

在问题解决的初始阶段，个体需要运用元认知知识对问题进行识别和分析。这包括确定问题的类型、难度和问题解决的目标，以及评估自己是否具备问题解决的能力和资源。

在化学问题中，学生需要判断问题是属于概念理解、计算还是

实验设计等类型，分析问题的关键信息和难点，评估自己对相关化学知识的掌握程度和问题解决的信心。

2. 策略选择与实施

根据问题的分析结果，个体需要运用元认知知识选择合适的问题解决策略，并在实施过程中进行监控和调整。策略选择包括回忆相关知识、查阅资料、进行实验、与他人讨论等。

在解答化学计算问题时，学生可以选择运用化学方程式进行计算的策略，并在计算过程中监控自己的计算步骤和结果是否正确。如果发现问题，学生可以及时调整策略或重新计算。

3. 结果评估与反思

问题解决后，个体需要运用元认知知识对结果进行评估和反思。这包括检查结果是否正确、是否符合问题的要求，以及总结问题解决的过程和经验教训。

在化学实验问题解决后，学生可以评估实验结果是否与预期相符，分析实验过程中存在的问题和改进的方法，总结实验中学到的化学知识和实验技能。

三、元认知理论对化学问题解决教学的启示

1. 使学生了解元认知知识

教师可以通过讲解、示范和引导学生反思等方式，帮助学生了解自己的认知过程和特点，使学生掌握问题解决的常用策略和方法。在化学教学中，教师可以介绍不同类型化学问题的解题方法，

让学生了解如何分析问题、选择策略和评估结果。

2. 关注学生的元认知体验

教师要关注学生在问题解决过程中的情感体验，及时给予鼓励和支持，帮助学生调整心态，使学生保持积极的学习态度。例如，当学生在化学问题解决中遇到困难感到沮丧时，教师可以给予鼓励和指导，让学生相信自己能够解决问题。

3. 引导学生进行元认知监控

教师可以通过提问、提示和要求学生制订计划等方式，引导学生对自己的问题解决过程进行监控和调节。例如，在化学实验教学中，教师可以要求学生在实验前制订实验计划，在实验过程中记录实验现象和数据，在实验后对实验结果进行评估和反思。

4. 提供反馈和评价

教师要及时给学生提供反馈和评价，让学生了解自己的问题解决过程和结果是否正确，以及存在哪些问题和不足。反馈和评价可以帮助学生进一步提高自己的元认知水平，完善问题解决的方法和策略。

在化学作业批改中，教师除了指出学生答案的对错，还可以对学生的解题思路和方法进行评价，提出改进的建议。

从元认知理论的视角来看，问题解决是一个涉及元认知知识、元认知体验和元认知监控的复杂过程。在化学问题解决教学中，教师应该关注学生的元认知发展，培养学生的元认知知识，关注学生的元认知体验，引导学生进行元认知监控，并提供及时的反馈和评价，以提高学生的问题解决能力和学习效果。

〔第四章〕

问题解决教学的实践探索

第一节　高中化学有效教学之
问题解决研究

　　"高中化学有效教学之问题解决研究"是福建省宁德市"十二五"
（第一期）基础教育科研立项课题。

一、问题的提出

1. 背景及目的

　　普通高中化学课程目标要求学生具有较强的问题意识，而当前
我校学生问题意识比较薄弱，学生获取知识主要凭记忆，这样在多
变的问题情境中，学生对所学知识常常不能做到有效迁移、灵活应
用，分析问题和解决问题的能力不强，教学出现了低效甚至无效的
状况。而教学效益最大化的实现，并非"花最少的时间教最多的内
容"，而是看单位时间内学生的学习状态、学习过程的综合表现，
看学生学到了什么、学到什么程度、学得好不好、会不会学。

关于有效教学的研究很多，有许多方法途径可以提高教学的有效性，问题解决教学是实现有效教学的方法途径之一。本课题选择从问题解决的角度来研究，通过问题解决在课堂教学中的应用，激发学生的求知欲，激发学生思维的积极性，使学生变被动学习为主动学习，体现学生在学习过程中的主体作用，从而不断提升学生发现问题、分析问题和解决问题的能力，真正提高学习的有效性，实现教学效益的最大化。

2. 国内外研究现状

早在20世纪初期，著名的教育学家杜威（Dewey）就探讨了问题解决教学，他提出"问题解决五步法"（感觉问题的存在、确定问题的性质、提出各种可能的解决办法、考虑各种办法的可能结果、选择一种解答的方法）。20世纪80年代，美国数学教育界把问题解决作为学校数学教育的核心，使问题解决教学受到普遍的重视。虽然有关化学问题解决的研究起步比较晚，但近年来已经取得了可观的进展。高中进入新课程改革后，北京师范大学王磊教授在高中化学新课程培训中提倡化学教学方法"从内容讲解转变为问题驱动"。自此，"问题驱动"教学在高中化学教学实践领域引起反响。

3. 研究理论依据

建构主义认为学习过程就是学生不断发现问题、分析和解决问题的过程，倡导以问题为中心的教学和学习，通过问题来组织、引导和调控教学，使学生积极主动地参与学习过程，在分析、解决问题的过程中理解和运用知识，培养学生的创新精神和实践能力。

而问题解决教学就是一种改被动学习为主动学习，实现师生互动和教学相长的开放式教学。教师将新知识置于问题情境当中，通过问题解决的过程来激发学生思维，从而改善学生的认知结构，提高学生的学习能力。教师在教学中通过问题促进学生多种形式的交流互动，让学生不仅可以分享自己的探究成果和方法，还可以倾听他人的探究经验，从不同的角度完善自己的经验和认识，完成对所学知识的完整建构。

二、研究的基本概况

1. 研究方法

本课题强调基于课例教学设计与实践的行动研究，以及依据理论指导的教学设计与实践的反思研究。通过不同主题的课堂教学具体实践和过程研究，探究如何从教学实际层面入手实施问题解决教学，从而提高课堂教学的效率。

2. 研究对象

宁德市高级中学高中学生。该研究对象为重点高中录取后的第二层面的学生，其特点是学习的主动性较差，没有养成良好的思维习惯，分析问题和解决问题的能力欠缺，学习效率不高。研究方式主要是随班研究，其中两位课题组成员分别负责不同年级的实验班（学生程度较好），另外两位成员分别负责不同年级的普通班（学生程度一般）。

3. 研究目标

基于问题解决的研究，教师在新课程教学中对问题解决加以实施应用，可一改"填鸭式"的教学模式，营造民主、开放、宽松的教学氛围。通过引导学生参与思考，留给学生自主探究、独立思考的时间和空间，唤起学生解决问题的欲望，逐步培养学生提出问题、分析问题、解决问题的能力，从而提升学生的素养，使学生的学习效果和效率明显提升，学习负担得以减轻。

问题解决的研究还可促进教师不断提升自身的素质，强化教师的教学设计能力、教学调控能力，使教师在教学实践中不断提高自己的思辨能力和教学机智。课堂教学质量普遍提高，教师的业务水平和科研能力的提升，有助于学校打造一支高素质的师资队伍。

4. 研究过程

（1）准备阶段（2012年3月—2012年6月）

提出课题，建立课题组，明确课题研究的基本内涵和精神，包括研究的背景、意义与目标等，确定研究总体思路。根据总体思路进行统一部署，明确人员分工，任务落实到人，做好开题报告。

（2）实施研究阶段（2012年6月—2014年2月）

① 深入课堂开展调研，摸清师生教学现状

通过随堂听课，了解到学校化学教师在课堂教学中采取的授课方式主要还是传统的讲授式，课堂教学方式较为单一，学生的主体性发挥得不够，问题的设计没有落在学生的最近发展区，课堂氛围不够活跃，学生的思维还不能被有效激发，教学有效性尚待提高。

通过"学生问题意识调查问卷"的结果反馈，观察学生听课的状态及课后学生访谈，发现学生普遍缺乏问题意识，提出问题、分析问题和解决问题的能力都不强，存在惰性思维，过多依赖教师，知识不能内化和迁移应用，学习的有效性较低。

②加强理论学习，明晰关键概念

通过查阅文献资料，课题组教师收集有效教学及问题解决相关理论知识，定期组织学习研讨。通过加强理论学习，课题组成员不断提高思想认识，更新教育观念，对一些关键概念的界定更加明晰。

③侧重不同研究，定期交流心得

由于课题组教师分别在不同年级教学，通过教师在化学必修模块（必修1、必修2）和化学选修模块（化学反应原理、有机化学基础）以及高考总复习教学中对问题解决的应用，课题组收集到各个阶段的过程资料。课题组教师定期组织研讨会，相互交流，针对学生在不同的学习阶段思维能力不同，教师在不同课程模块教学中问题情境的创设，以及怎样帮助学生分析问题、解决问题，建构自己的知识框架，从而提升学生的学习效果和效率。

④以问题组织教学，上好每一节课

课题组教师根据自己所教的年级，所授的化学模块课程，尽可能多地应用问题解决进行教学。课前精心创设问题情境，课堂中以问题组织教学，调动学生解决问题的积极性，做到师生互动，教学相长。在新授课、实验课、复习课、讲评课等不同课型的教学中，课题组教师根据不同课型的不同特点，实施开展问题解决教学。

⑤ 积极开设公开课，通过交流相互促进

在为期两年的课题研究中，课题组多位教师多次开设市级公开课，在公开课的准备中，围绕一堂课的准备，教师们各抒己见、集体研讨，大家一同分析教材、分析学生，共同交流探讨如何创设适宜的问题情境，有效调动学生的主动性，更好地开展问题解决教学。

⑥ 阶段小结反思，进一步完善提升

课题组成员一边实践一边总结教学心得，初步构建了问题解决化学课堂教学模式，并将新教学模式应用于课堂教学，不断完善教学方法和策略，使研究进一步深入。

（3）总结研究阶段（2014年2月—2014年6月）

对成果资料进行整理，收集课题研究过程中各成员发表的研究论文、公开课教学案例、多媒体课件、电子教案、问题集等，对课题研究资料进行全面分析总结，撰写课题结题报告。

5. 成员分工

郭志东，作为课题负责人，主要负责组织、协调组员开展课题研究，定期组织召开讨论分析会，组织课题组成员相互交流心得，共同分析评议具体案例，提出意见和建议，及时了解和掌握课题研究进展，收集汇总阶段性研究成果，安排部署下阶段的研究任务。同时，承担高三实验班高考复习的教学工作，侧重于高三化学复习课如何应用问题解决开展教学的研究。

薛裕明，承担高三普通班高考复习教学工作，侧重于问题解决在高考复习课与讲评课等不同课型中的应用研究。

王祖辉，承担高二年级选修模块（有机化学基础和化学反应原理）的教学，侧重于研究问题解决在选修模块教学中的应用。

范新林，承担高一年级必修1、必修2的教学，侧重于新授课、实验课等课型如何进行问题解决教学的研究。

三、研究内容

（一）问题解决教学中问题情境的创设

问题情境是一种心理状态，是当学生接触到的学习内容与其原有认知水平不和谐、不平衡时，学生急需解决疑难问题的心理状态。问题情境的创设是问题解决教学中非常重要的一个环节，教师应针对不同的教学内容创设不同的问题情境。创设问题情境一般要遵循目的性原则、适宜性原则、诱发性原则、渐进性原则、开放性原则、延伸性原则等。创设问题情境有多种途径，根据化学学科的特点，教师可以通过化学教材内容创设问题情境，通过化学实验创设问题情境，通过联系化学生活实际创设问题情境，通过化学史料创设问题情境等。只有合适的问题情境，才能引发学生思考，才能调动学生解决问题的积极性。

（二）问题解决在不同课型教学中的应用

教师在新授课、实验课、复习课、讲评课等不同课型的教学中应用问题解决进行教学时，应根据不同课型的不同特点，在问题情境的创设、分析问题、解决问题的方式上有所不同，各有所侧重。

新授课是讲授新知识的课，是基本课型之一。在正常的教学进度中，新授课占课时总数的70%以上，学生主要通过新授课学习新知识。新授课的特点是"新"，同时又联系着旧知识。新授课的关键是教师精心创设问题情境，通过问题的分析和解决来推进教学过程和建构知识。问题情境的创设应根据学生的最近发展区，设计出不同层次的问题链。

化学是以实验为基础的科学，实验课是化学教学的重要组成部分。教师在教学中应根据实验的不同情况，采取"教师演示实验引导学生探究"与"学生自主探究实验"相结合的方式。通过自主探究，学生在化学实验问题解决过程中不仅认识和掌握了物质的性质，还提高了实验能力，掌握了问题解决的科学方法，形成了实事求是的科学态度。

复习课是以系统复习所学知识为主要教学任务的课，它的主要目的是继续巩固和加深学过的知识，使之系统化。复习是对学过的知识进行再学习，它与新授课有着根本的区别。复习课是通过回忆呈现知识，以问题为中心，围绕问题解决形成知识的重新建构，最终形成能力而保留下来。复习课时间短、内容多、容量大、节奏快，因此对教师把握教学内容与学情分析有较高要求，高效的教学内容设计很重要。

讲评课是常规课和复习课这两种课型的补充，它既要"评"，也要"讲"。讲评课的教学目标主要是帮助学生发现自己的问题，并学会如何评价。讲评课不能只由教师讲解题方法和技巧，应让学生积极主动参与到讲评中，让不同学生发表不同的想法。

（三）问题解决在不同课程模块教学中的应用

课题组教师在化学必修模块（必修1、必修2）和化学选修模块（化学反应原理、有机化学基础）以及高考总复习教学中，皆有应用问题解决教学。由于学生在不同的学习阶段思维能力不同，教师在不同课程模块教学中应根据学生的特点，恰当地创设问题情境，设计适宜的问题来激发学生的求知欲。教师根据学生能力的不同，把握好帮助学生分析问题、解决问题的度，逐步培养学生学会并自觉地在已有经验的基础上建构自己的知识框架，提高学生问题解决能力，从而提升学习效果和效率，减轻学习负担，实现有效教学。

四、研究结果

（一）初步构建"问题解决四部曲"化学课堂教学模式

通过研究与实践，初步构建了"问题解决四部曲"化学课堂教学模式：创设情境、提出问题，合作探究、分析问题，归纳总结、解决问题，迁移应用、引发新问题。

（1）创设情境、提出问题。教师基于对学生已有知识经验和对教材内容全面、科学的分析，根据学生的最近发展区，精心创设问题情境，提出具有较高思考价值和较大思维容量的问题或问题链，供学生课前自学或开始上课时引发学生思考。

（2）合作探究、分析问题。学生根据教师事先提出的问题，阅读教材和查阅有关材料。对问题的分析可以是生生之间的合作探究，也可以是在教师启发引导下的师生合作探究。通过课堂中的师生互动，学生成为课堂的主体，教师作为组织者、引导者和促进者，让学生尽情表达自己的想法，其他学生相互补充，师生共同营造出和谐热烈的讨论氛围。

（3）归纳总结、解决问题。经过师生间的共同探究分析，使得问题的解决思路逐渐明晰。师生共同归纳总结出一般结论，得出解决问题的方法与途径，通过理性升华形成规律，并将规律纳入知识系统。

（4）迁移应用、引发新问题。在解决了相关问题后，教师可运用问题变式或设立新的情境，引出新的问题。学生利用前面已掌握的分析问题、解决问题的办法，进行思维迁移，从而解决新问题。

课题组成员以课堂为阵地，就"问题解决四部曲"化学课堂教学模式进行了积极的教学实践。除了平时课堂教学的应用，课题组教师还利用此教学模式开设了多节的公开课。如郭志东老师开设了"化学能转化为电能——原电池"和"探究铁及其化合物的氧化性或还原性"市级公开课，王祖辉老师开设了"盐类的水解"市级公开课，范新林老师开设了"羧酸的性质"校内同题异构公开课。前来听课的有本市名师、专家，还有兄弟学校的同行教师，来宾对公开课的开设给予了一致的好评。

（二）提高了教学的有效性

在问题解决教学模式下，由于教师创设的问题情境，都是根据教学的重点与难点精心设计的，并且是学生"跳一跳就能接到桃子"的问题，使得学生愿意主动参与思考。学生在合作探究的活动中，不仅能得到教师的指导，还能互相启发、互相交流，实现课堂上多渠道的信息传递。学生始终都处于一种能动的积极状态中，他们乐于思考，勤于探究，能够围绕问题从不同角度提出不同的解决方法，发表自己不同的见解，最后创造性地解决问题。在这种教学模式下，学生既锻炼了思维，也提高了发现问题和解决问题的能力，素养不断提升，由"学会"变为"会学"，学生的学习效果和效率明显提升，使得有效教学得以实现。

2012年6月，课题组成员郭志东老师、薛裕明老师指导的多位学生在全国高中化学素质和实验能力竞赛中获奖，其中陈以滨同学获市一等奖，林炜、曾美凤同学分获市二等奖，林丽烨、杨烨、张煜、林建行同学分获市三等奖。

问题解决教学的有效性在一些省区市统一考试的学业成绩上也得到了印证。为了使成绩分析较为客观且有说服力，现以近三年我校高三实验班省质检化学成绩为例加以说明。这三届高三实验班的整体程度相当，具有可比性，其中2012届未采用问题解决教学，2013届和2014届都采用了问题解决教学。

表4-1-1　高三实验班省质检化学成绩对照表

届别	2012届	2013届	2014届
市高级中学实验班平均分（省三级达标高中）	70.63	83.53	70.76
市一级达标校平均分	66.22	75.19	61.28

经过比较，2012届未采用问题解决教学的实验班平均分高于市一级达标校4.41分，而2013届和2014届实验班采用问题解决教学，其均分分别高于市一级达标校8.34分和9.48分。而且实验班学生的入学成绩均低于一级达标校水平，这在一定程度上体现了采用问题解决教学之后，教学有效性得到了初步提升。

（三）促进了教师的专业发展

1. 教师的教育观念切实得到了转变

部分教师原来认为只要能针对教学重点、难点作深入浅出的讲解，能对解题方法思路进行引导，课讲得清楚明白，学生听得懂、学得会，学生能解题，考试成绩不错，就达到了教学的效果。通过开展课题研究，越来越多的教师逐步转变为更多地关注如何创设条件，吸引学生投入丰富多彩的问题探究中去，以及如何引导学生在情境中尝试、探索、讨论，自己发现问题、研究问题、解决问题。教师的身份由传授者向引导者、参与者、合作者转变。

2. 教师的行动研究落到了实处

课题研究前，教师虽然接受了新课程的教育理念，但往往停留在思想和口头上，在教学中并未付诸实际行动。通过开展课题研究，按照预定的研究内容方案，教师将问题解决应用到了平时的课堂教学中。教师在备课时认真分析学情，对教材进行再分析、再创造，精心设计问题情境，制作电子课件；课堂中以问题组织教学，以问题驱动学生思考，平等地与学生共同讨论分析，寻求问题解决的办法；课后及时反思总结，对教学设计进行更加合理的调整。课题组成员经过教学实践，逐步形成了较为完整的电子课件以及问题设计汇总。

3. 教师的专业发展得到长足的进步

由于问题解决教学模式是以问题驱动为提高课堂教学实效性的主要策略，其核心是适当教学情境下的问题链的设计，在设计核心问题链时，教师要思考问题的提出方式、不同问题的层次与逻辑关系、问题的变式、问题解决后的迁移应用等。这些都要求教师具备更加深厚的学科知识和教育理论知识，同时具备将先进的教学理念转化为教学过程的策略。这对教师的专业能力提出了较高要求，也必将促进教师专业能力的发展。

附：

课题组成员课题研究阶段成果

论文类：

郭志东：《高中化学演示实验教学中师生角色互换初探》2014年6月发表于全国中文核心期刊《中学化学教学参考》。

郭志东：《新课程下合理运用化学实验进行"问题解决"教学初探》2012年10月发表于CN刊物《化学教与学》，获第二届全国教育技术装备与实验教学优秀论文评比三等奖。

郭志东：《"问题解决"在初高中化学衔接教学中的应用》2013年1月发表于CN刊物《化学教与学》。

郭志东：《"问题解决"在有机化学不同课型教学中的应用》2011年8月发表于《福建教学研究》。

公开课类：

郭志东：2012 年 12 月市级公开课"化学能转化为电能——原电池"。

郭志东：2013年12月市级公开课"探究铁及其化合物的氧化性或还原性"。

王祖辉：2012年12月市级公开课"盐类的水解"。

成长获奖类：

郭志东：2013年8月被市委宣传部和市委教育工委评为"宁德市十佳教师提名奖"。

郭志东：2013年11月被福建省教育厅选派参加"国培计划"一线优秀教师培训并获优秀学员。

郭志东：2013年2月指导青年教师冯莹的教学设计、多媒体课件获省二等奖，赖雅花获市教师技能大赛三等奖。

郭志东：2013年教学设计获省二等奖，多媒体课件、视频获省优秀奖。

范新林：2013年2月教学设计"沉淀溶解平衡"获省优质课程资源评比二等奖，多媒体课件"有机物的合成"获省优质课程资源评比三等奖。

范新林：2014年2月被列为福建省万名骨干教师培训对象。

王祖辉：2013年课程视频获省二等奖。

五、研究的反思

（一）存在的问题与反思

1. 学生学习基础的差异，教师对问题设计度的把握较难

高级中学实验班的学生学习程度较均衡，教师比较容易把握问题设计的度。但普通班的学生基础参差不齐，落差很大，教师虽然按不同程度设计了一组问题链，但问题的设计很难精准地落在学生的最近发展区。为照顾基础差的同学，问题则有可能过于简单，基本不需要思考；为满足学习程度较好的学生，问题有一定的思维容量，那么将有可能导致大部分学生存在思维障碍，影响学习效果，课堂不活跃。因此，教师要将问题设计在大部分学生的最近发展区，使学生能够"跳一跳即可摘到苹果"，这对教师的要求高。

2. 学生学习态度的差异，容易造成两极分化

由于我校生源是处于第二层面的学生，有相当一部分学生的学习态度不端正，学习习惯不好，学习主动性差，对教师提出的问题，不愿意自己动脑思考，这使他们的学习有效性大打折扣，学生之间的成绩差距越拉越大。而那些学习态度端正，积极思考的同学，通过不懈努力，学习能力明显提升，对知识的理解更加到位，分析问题、解决问题的能力也得到提升，学习成绩进步显著。由此，班级出现了两极分化的现象。

3. 课题组成员行政事务多，影响研究的深入性

课题组成员大多兼任行政管理和年段事务管理，虽然成员在

平时的教学中应用了问题解决教学模式，但由于行政事务较为繁忙，一定程度上影响了课题研究的进一步深入，平时的课堂教学还不能像公开课那样精益求精，对一些问题的设计无法做到大家共同讨论，反复推敲。另一方面，对学生的了解也不够全面、细致、深入，也影响了教师对问题设计度的把握。

（二）今后努力方向

1. 在课题总结提升基础上进一步推广

本次课题研究参与人员不多，主要是基于稳妥考虑，先在小范围内进行教学实践，待取得一定经验成果后，再在教研组内推广。在听课过程中，课题组成员发现一些缺乏经验的青年教师在问题的设计上存在一定的不足，不是缺乏思维容量就是问题设计过难，超出学生的能力范围，欠缺对度的把握。今后将通过推广经验成果，做到资源共享，加强对青年教师的指导和引领，整体提升教研组教研水平，发挥青年教师精力旺盛、思维活跃的优势，将课题研究进一步深入。

2. 探讨合适的方法来适应学生个体的差异性

在现行大班制的格局下，学生学习程度差异是无法回避的问题。如何兼顾各层面的学生，设置不同的问题满足学生的需要，如何调动学习基础差、学习习惯不好的学生的学习积极性，如何发挥小组合作学习的作用，使学生更好地互帮互助等问题，都是课题组在今后要深入探讨，努力研究的方向。

第二节　高中化学问题导学型
学本课堂研究

（本课题为福建省教育科学"十三五"规划2016年度常规课题，课题立项批准号：FJJKXB16-276。）

在基础教育阶段，帮助学生形成解决问题的素养与关键能力，是全面深化课程改革的要求。在新问题情境下，学生获取信息能力、问题解决能力和实验探究能力的水平，直接反映了其所具有的学科核心素养。

当前，相当多学习中等的学生不能对所学的化学知识进行有效迁移和灵活应用。究其原因，是和这部分学生平时问题意识薄弱，学习只是被动接受知识，没有深入思考，不注重分析问题和解决问题能力提升有关。分析当前高中课堂教学现状，"教师讲授型"的教本课堂仍普遍存在，虽有部分走向了"教师导学型"课堂，但课堂并没有给学生太多主动发展的时间和空间，并未真正实现以

"学"为中心的学本课堂。

鉴于从高中化学的视角来研究问题导学型学本课堂的创建还很少的现状，以及化学研究方法和化学思维有其鲜明的特色，笔者借助已有的理论基础和众多的实践研究经验，对高中化学问题导学型学本课堂进行研究。本研究侧重高中化学教学，以问题学习为主线，将问题导学案设计的问题贯穿课前、课中和课后，让学生围绕导学案中的问题开展自主合作探究学习，学生在教师的协助下积极参与问题的解决，在讨论与评价中建构知识，发展能力，从而实现学习目标。通过研究并不断完善问题导学案的编制，改进问题导学型学本课堂教学模式，让学生在高中化学学习中变被动学习为主动学习，变浅层学习为深度学习，发展学生思维，提高学生解决问题的素养与能力。

课题研究内容结构见图4-2-1、图4-2-2。

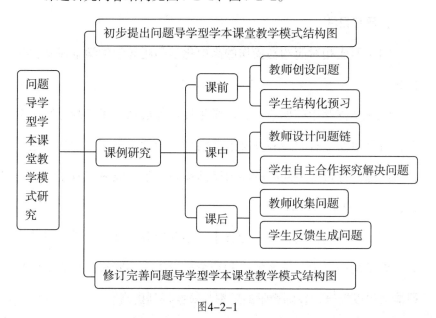

图4-2-1

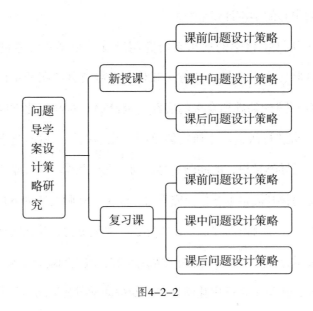

图4-2-2

一、研究问题

1. 研究目的

（1）形成相对简约易操作的高中化学问题导学型学本课堂教学模式。

（2）增强学生问题意识，使学生逐步养成独立思考的习惯，学会并自觉地在已有的经验基础上建构自己的知识框架，发现问题、提出问题和分析解决问题的能力得到提高，学习效果和效率明显提升，学习负担得以减轻。

（3）教师自身的素质和业务水平不断提升，教师的教学设计能力、教学调控能力、思辨能力和智慧导学能力不断提高，教师的科研能力得以提升，教师教学的效率与效益得到提高。

2. 研究意义

目前，从高中化学的视角来研究问题导学型学本课堂的创建还很少，化学是一门以实验为基础的科学，与生产生活密切相关，化学问题情境的创设有其独特新颖之处，化学学科的研究方法和化学思维，对学生思维能力的训练发展和创新品质的形成与其他学科有明显的不同。选择从高中化学的视角来研究问题导学型学本课堂的创建具有一定的新意。

当前导学案编制的知识化和习题化倾向明显，其功能主要停留在学生对知识的认知层面，并不能引发学生的深层思考。本课题研究的问题导学案设计要体现三维目标，除了知识层面，更多的是从化学方法和化学观念视角来设计问题，引导学生学会思考、学会学习。

3. 研究假设

通过本课题研究，可创建一种相对简约的问题导学型学本课堂模式结构图，便于中学教师使用。问题导学型学本课堂教学一改"填鸭式"的教学模式，留给学生自主探究、独立思考的时间和空间，让学生在问题的分析和解决中，不断激发思维潜能，从而提升学生的学习素养。

4. 核心概念

学本课堂是指以学习者学习为本的课堂。问题导学型学本课堂是指以问题学习为主线，师生共同围绕问题开展自主合作探究学习，并在单位时间内解决问题，实现学习目标，促进师生和谐成长。

学本课堂不同于教本课堂，要求教师角色要实现根本性转变，要将"教"转变为"导"。师生之间不再是传授和告知的关系，教师和学生都是学习者，是合作学习，共同建构知识发展能力的关系，学生将获得自主合作探究学习能力，教师将获得智慧导学能力。

二、研究背景和文献综述

1. 研究背景

《国家中长期教育改革和发展规划纲要（2010—2020年）》在"战略主题"中指出，"坚持以人为本、全面实施素质教育是教育改革发展的战略主题，是贯彻党的教育方针的时代要求，其核心是解决好培养什么人、怎样培养人的重大问题，重点是面向全体学生、促进学生全面发展，着力提高学生服务国家服务人民的社会责任感、勇于探索的创新精神和善于解决问题的实践能力。"普通高中化学课程目标也提出："学生要具有较强的问题意识，能够发现和提出有探究价值的化学问题，敢于质疑，勤于思索，逐步形成独立思考能力。"

在当前高中课堂教学中"教师讲授型"的教本课堂仍普遍存在，虽有部分教师进行了课堂教学改革，逐步走向了"教师导学型"课堂，但这种课堂并没有给学生太多主动发展的时间和空间，仍是由教师占课堂的主导地位，学生只是有限度地开展自主合作探究学习，并未真正实现以"学"为中心的学本课堂。正是由于教本课堂中学生的学习是被动接受知识，因此学生的问题意识都比较薄弱，学生提不出问题，他们获取知识主要凭记忆，学习停留于表层和形式，对所学知识常常不能有效迁移、灵活应用，分析问题和解决问题的能力不强，这使学生的发展受到了很大的限制。

2. 文献综述

苏联心理学家马丘斯金等人，对问题教学进行了开创性和系统性研究，他们认为问题是思维的起点，问题解决过程也就是创造性思维的过程。20世纪初期著名的教育学家杜威（Dewey）提出"问题解决五步法"：感觉问题的存在，确定问题的性质，提出各种可能的解决办法，考虑各种办法的可能结果，选择一种解答的方法。

有关化学问题解决的研究起步比较晚。进入新课程改革后，北京师范大学王磊教授提倡化学教学方法"从内容讲解转为问题驱动"，自此，问题驱动教学在高中化学教学实践领域引起反响。近几年对问题导学在化学教学中的应用研究也很多，例如李岩《问题导学在高三复习教学中的思考与实践》（刊载于《化学教学》2010年第1期），朱建、胡先锦《"问题导学"模式下学生自主学习能力的培养》（刊载于《中学化学教学参考》2015年第4期），计玮炜、沈理明《"问题导学—合作探究—反馈指导"模式在化学教学中的实践》（刊载于《化学教与学》2012年第11期），等等。

学本课堂观的形成有着科学的文化基础和理论基础。我国古代道家文化中倡导追求自然教育，强调教育要遵循人的身心发展规律。西方人本主义教育思想和建构主义学习理论则为学本课堂理论提供了坚实的基础。对于学本课堂的研究，《人民教育》在2014年第16期推出了学本课堂专辑，系统介绍了中国教育科学研究院教师发展研究中心韩立福教授关于学本课堂的10年研究成果，从理论建构《何为学本课堂》《如何创建问题导学型学本课堂》，到各实验学校种种典型案例，以及教师的经验笔谈和体验分享详细介绍了学本课堂的核心理念和案例实践。

总的看来，对学本课堂的研究已经由理念向操作层面推进。虽然前人对"问题导学型学本课堂"已经做了很多有意义的研究，但从高中化学的视角来研究问题导学型学本课堂的创建还很少。

三、研究程序

（一）研究设计

1. 研究内容

（1）高中化学问题导学型学本课堂模式创建研究

在高中化学课堂教学中，探索如何结合高中化学学科特点创建问题导学型学本课堂，并形成相对简约易操作的教学模式结构图。根据新授课、实验课、复习课、讲评课等不同课型的特点，总结实施"问题导学"教学在课前结构化预习、课中互动讨论学习、课后巩固拓展学习中应注意哪些方面的问题，如何真正体现学生自主合作探究学习。

（2）学本课堂视野下高中化学问题导学案的设计研究

问题导学案的设计是"问题导学"教学中非常重要的一个环节。针对必修、选修、总复习中不同化学模块的教学内容，探索在学本课堂视野下学生在不同的学习阶段思维能力不同，教师设计问题导学案时应遵循的原则；研究如何创设问题情境，设计适宜且高效的问题来更好地激发学生的求知欲，促进学生思考。通过教师在教学实践中问题的设计与调整，不断完善高中化学各课程的问题导学案。

（3）学本课堂中教师智慧导学研究

在以学为中心的学本课堂中，学生可能临时提出不是教师课前预设的新问题，课题将研究教师如何智慧地应对这些新生成的问题，并将课堂中这种新生成的问题记录下来，不断反思改进，提高教师智慧导学能力。

（4）学本课堂师生合作学习研究

学本课堂十分强调重构民主、平等、和谐的师生关系。课题将研究课堂中教师如何与每位学生建立信任、合作、共学的平等关系，营造师生共同学习的良好氛围，研究师生如何开展对话进行问题解决。

2. 研究步骤

（1）准备研究阶段（2016年4月—2016年9月）

提出课题，成立课题组，明确课题研究的基本内涵和精神，确定研究总体思路，根据总体思路进行统一部署，明确任务分工，落实到人，并做好开题报告。

（2）实施研究阶段（2016年10月—2017年12月）

① 第一研究阶段（2016年10月—2017年2月）

制订课题实施工作方案，确定研究重点；组织教师开展问题导学及学本课堂相关理论的学习，提高思想认识，更新教育观念；结合学生实际，组织教师撰写活动方案，开展听课、调研活动，搜集相关资料、数据，开展课题研究。

课题组成员按照各自的分工，在不同年级的教学中进行问题导学案的设计研究并开展问题导学教学，逐步培养学生的问题意识，提高学生发现问题、分析问题和解决问题的能力。课题组成员相互听课评课，定期召开讨论分析会，相互交流心得，共同分析评议具体案例，进一步提出完善意见和建议。

② 阶段性小结（2017年3月）

对第一阶段课题研究的开展情况进行小结，总结成功经验，反思不足之处，讨论改进办法，制订下阶段研究重点。

③ 第二研究阶段（2017年4月—2017年12月）

根据阶段小结进行安排部署，调整活动方案，更深入地开展课题研究。

（3）总结研究阶段（2018年1月—2018年7月）

整理研究资料，对课题资料进行全面分析总结，形成研究论文、案例集，撰写课题结题报告。

（二）研究对象

宁德市高级中学学生，其特点是思维惰性化，大部分学生未能掌握有效的学习策略，问题意识较差，没有养成良好的深层次的思维习惯，依赖他人，缺乏学习的主动性，分析问题和解决问题的能力欠缺，总体学习效率低下。

（三）研究方法

（1）文献资料法：通过查阅书刊、查找网络资料等方式获取与本课题有关的大量研究资料，为课题研究人员提供有力的理论支撑。

（2）课例研究法：选取典型课例进行研究，观察真实课堂教学中教师的教学与学生的学习活动，整理和分析收集到的相关信息，对此作出合理判断并进一步提出建议，以促进和完善问题导学教学。

（3）经验总结法：教师通过学习和实验总结教学实践中的成功经验，形成高中化学问题导学型学本课堂教学模式，并撰写相关论文。

（四）技术路线

前期调研—课题论证—课题设想—课题计划—课例研究—反思调适—收集资料—总结分析—构建模式—形成报告—推广应用。

四、研究发现或结论

（一）构建了高中化学问题导学型学本课堂教学模式

问题导学以问题贯穿课前、课中和课后。教师课前的问题导学，使学生的学习更具方向性；课中的问题导学能让学生在问题解决过程中，完成知识的建构和思维能力的培养；课后学生通过自觉反思向教师反馈问题，教师收集问题、设计新问题，再在课堂上与学生共同解决问题，由此循序推进。在整个学习过程中，教师是问题的设计者，是问题解决的协助者，而学生是问题的生成者，是问题解决的主要参与者。这种教学模式真正实现以"学"为核心。经过教学实践探索，形成了问题导学型学本课堂教学模式，结构图如下。

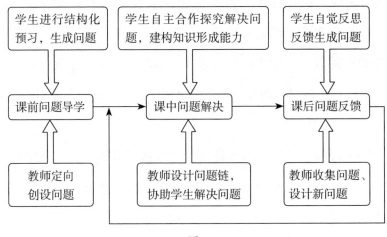

图4-2-3

（二）形成高中化学问题导学案设计的策略

问题导学案的设计，要依据课程标准，以学习者的学习为本，不仅要从知识层面，还要多从化学方法和化学观念层面来设计问题，使学生善于思考、学会学习。

1. 新授课问题导学案设计策略

（1）课前问题设计应该要有明确的指向性，要能引领学生进行结构化预习，有利于学生初步自主建构知识，要为课中问题解决服务。

（2）课中问题设计应当聚焦核心知识，能让学生通过深度学习掌握重点并突破难点，形成分析问题、解决问题的能力。课中教师精心设计的问题链可包含三到四个不同层次的问题，在不同阶段引导学生思考，调动学生的学习能动性，激发学生思维潜能，从而达成学习目标。

（3）课后问题设计要打破学生的思维局限，发展学生的发散思维，要较课中问题有所提升，让学生应用课堂所学来解决新的问题。

另外，教师还应布置适当的习题作业，并及时收集学生作业中存在的共性问题，以便在下一节课堂中设计新问题，并进一步加以解决。

2. 复习课问题导学案设计策略

（1）课前问题设计应引导学生对所学的知识进行归纳整理，并让学生根据本单元的核心知识点，以画思维导图的方式，进一步夯实知识基础。

（2）课中问题设计应当针对知识重点、高频考点、学生疑点和难点展开，教师要认真研究课程标准，设计出有一定思维容量的问题，要利于发展学生思维能力，帮助学生建立解题的思维模型。

（3）课后问题设计应当利用化学生产实践中的真实情境，创设可让学生解决实际问题，由此提高学生分析问题和解决化学问题的能力，有利于形成学科核心素养。

五、分析和讨论

（一）成效分析

1. 提高了学生的学习成效

经过为期两年的教学实践研究，通过问题导学型学本课堂教学模式在高中化学课堂中的运用，课堂中学生不仅能做到"学"与"思"，还能做到"说"与"评"。由于经常鼓励学生提出问题，表达自己对问题分析的思路以及问题解决的方法，学生的语言表达能力、逻辑思维能力大幅提升。相当一部分学生回答问题由最初的支支吾吾到后来的流畅表达。一些学习程度较好的学生，刚开始的表达也条理不清，词不达意，其他学生不易听懂，经过一段时间的锻炼，这些学生对问题的分析阐释几乎与教师不相上下，他们也变得越来越自信。

尤其是学生在化学学习过程中变被动学习为主动学习，变浅层学习为深度学习，思考成为学生的一种习惯，学生的思维能力得到了较大的发展，解决问题的素养与能力得到了提高。同时，学生的学习成绩也随之稳步提升，在2016年至2017学年高一期末市统考中，课题组成员任教的两个普通班学生化学平均成绩，由位列同类校上学期的第3名上升为下学期的第1名，与一级达标校的平均成绩分差由4.15分缩小为0.4分，位次由19所一、二级达标校中的第8名上升为第6名，实现了进位前移。

2. 促进了教师的专业发展

教师的教育观念切实得到了转变，教师的角色实现了根本性转换。部分教师原来认为只要能针对教学重点、难点作深入浅出的讲解，能对解题方法思路进行引导，课讲得清楚明白，学生听得懂，即达到了教学效果。通过开展课题研究，这部分教师逐步认识到讲解得十分精彩到位，只是体现了教师的能力水平，教师并不能将这种素质直接传递或给予学生。教师应当将"教"转变为"导"，引导学生自主学习、合作学习、深度学习，多留给学生充分思考的时间与空间，构建以学习为本的课堂，从而提高学生的学习素养与能力。

教师的专业发展得到长足的进步。由于问题导学型学本课堂教学模式提高课堂教学效益的主要策略是以问题驱动，其核心问题链的设计、问题的层次、问题的提出时机，都对教师的专业能力提出了较高要求，要求教师具备先进的教学理念、深厚的学科知识和系统的教育理论知识。通过为期两年的教学实践，教师专业能力得到了较大发展。

（二）问题讨论

在现行大班制的格局下，学生学习程度差异大是无法回避的问题。学生基础参差不齐，学生之间差距很大。一部分学生学习习惯不好，学习主动性差，学习态度不端正，对于教师课前、课中提出的问题，有部分学生根本不愿意思考，总是坐享其成，直接听别人的结果，这样不经过自己大脑思考的学习，效果将大打折扣。如何调动学习基础差，学习习惯不好的学生的学习积极性，如何发挥小组合作学习的作用，实现学生之间的互帮互助，是值得思考的问题。如何兼顾各层面的学生，设置不同的问题满足学生的需要，都是课题组在今后要深入探讨，努力的方向。

另外，还存在教师对学生的了解不够全面、细致、深入的情况，问题的设计没有遵循最近发展区原则，不是缺乏思维容量就是问题设计过难，超出学生的能力范围，对度的把握还欠火候，需要教师在集体备课时尽量对问题的设计做到共同讨论，反复推敲，力求精益求精。

六、建议

进一步开展学本课堂中教师智慧导学研究。目前学生主要还是在教师提出问题的引领下，对问题加以分析与解决，学生的问题解决能力有了较大提升。但学生自主提出问题，特别是提出有价值问题的能力还不足。相信随着学生提出问题能力的提升，在以学为中心的学本课堂中，必然会有许多由学生临时新生成的问题。这些问题并不是教师课前预设的，那么教师如何智慧地应对这些新生成的问题，将课堂中的这种新生成记录下来，进行研究反思并不断改进教学方法和策略，从而提高教师导学艺术，促进教师的专业发展。

进一步开展学本课堂师生合作学习研究。学本课堂十分强调重构民主、平等、和谐的师生关系。要研究课堂中教师与每位学生如何建立信任、合作、共学的平等关系，共同营造师生共学的学习氛围和真实自然的学习环境；研究师生如何通过合作探究、展示对话来解决问题，达到知识建构、能力培养和丰富情感的目的。

七、主要成果

经过为期两年的实践研究，课题组共有7篇论文已被CN期刊发表或录用；6节市级公开课、1个市级专题讲座获好评，形成3个课例研究报告；1个课堂实录获全国"一师一优课，一课一名师"活动省级优课，1位教师获实验说课比赛省二等奖、市一等奖及教师教学技能大赛市一等奖。

（一）论文类

（1）郭志东论文《高中化学问题导学型学本课堂教学实践与思考》于2017年12月在全国中文核心期刊《中学化学教学参考》发表。

（2）郭志东论文《基于学本课堂的高中化学问题导学案的设计研究》于2018年1月在全国中文核心期刊《中学化学教学参考》发表。

（3）郭志东论文《学本课堂视野下高三化学复习教学的设计与组织》于2017年12月在CN刊物《福建教育学院学报》发表。

（4）郭志东论文《多渠道创设问题情境 助力高中电化学教学》于2017年12月在CN刊物《考试周刊》发表。

（5）赖雅花论文《氧化还原型离子方程式书写能力的培养》于2017年1月在《福建教学研究》发表。

（6）赖雅花论文《目录式问题导学法在高三化学复习中的应用》于2018年7月拟在《福建基础教育研究》发表。

（7）郑杏红论文《问题导学式学本课堂中化学学科核心素养的培育》发表。

（二）课例研究报告类

（1）郑杏红课例研究报告《碳的多样性》2017年1月。

（2）黄丽丹课例研究报告《盐类的水解》2017年1月。

（3）赖雅花课例研究报告《酸碱中和滴定》2018年1月。

（三）公开课、讲座类

（1）郭志东于2017年5月3日开设市级公开课《认识有机化合物》。

（2）郭志东于2017年11月24日开设市级公开课《化学反应速率》。

（3）郭志东于2017年12月22日开设市级公开课《酸碱中和滴定》。

（4）郑杏红于2016年12月9日开设市级公开课《碳的多样性》。

（5）黄丽丹于2016年12月9日开设市级公开课《盐类的水解》。

（6）赖雅花于2017年12月29日开设市级公开课《酸碱中和滴定》。

（7）郭志东于2016年12月9日开设市级专题讲座《高中化学问题导学型学本课堂的构建》。

（四）成长、获奖类

（1）郭志东于2017年8月被福建省教育厅确定为"省学科教学带头人"培养对象。

（2）郭志东于2018年3月取得宁德市名师培养结业证书。

（3）郭志东于2018年5月被宁德市教育局推荐参评福建省特级教师。

（4）郭志东于2017年1月被聘为教育部"一师一优课、一课一名师"活动"优课"评审专家。

（5）郑杏红于2017年10月《碳的多样性》获全国"一师一优课，一课一名师"活动省级优课。

（6）赖雅花于2016年9月《碳酸钠、碳酸氢钠溶液与稀盐酸反应的实验探究》获宁德市中小学实验教学说课比赛市一等奖。

（7）赖雅花于2016年10月《碳酸钠、碳酸氢钠溶液与稀盐酸反应的实验探究》获福建省中小学实验教学说课比赛省二等奖。

（8）赖雅花于2017年12月获宁德市第四届中小学教师教学技能大赛市一等奖。

（9）郭志东于2016年9月指导青年教师赖雅花获宁德市中小学实验教学说课比赛市一等奖。

（10）郭志东于2016年10月指导青年教师赖雅花获福建省中小学实验教学说课比赛省二等奖。

（11）郭志东于2017年10月指导青年教师郑杏红获全国"一师一优课，一课一名师"活动省级优课。

（12）郭志东于2017年12月指导青年教师赖雅花获宁德市第四届中小学教师教学技能大赛市一等奖。

参考文献：

［1］韩立福.学本课堂：走向"学习的世界"［J］.中国教师，2016（5）：52-57.

［2］陈佑清.建构学习中心课堂［J］.教育研究，2014（3）：96-105.

［3］王云生.课堂教学转型：基于问题的课堂教学模式的应用［J］.化学教学，2015（6）：10-13.

［4］伍强，方瑞光.碳酸钠和碳酸氢钠与稀盐酸反应实验的创新设计［J］.化学教学，2016（8）：63-64.

［5］胡惠芳，包朝龙.用递进式问题链驱动化学课堂的互动

［J］. 化学教学，2015（9）：31-34.

　［6］王愫懿. 善用"导学案"这把打开化学思维之门的"钥匙"

　　　［J］. 中学化学教学参考，2012（11）：23-24.

附：

1. 致谢

在课题的研究过程中，得到了宁德市教师进修学院正高级教师缪剑峰、教研室主任宋寿生、化学教研员叶成兴和陈惠明的大力支持，在此一并感谢！

2. 表格列表

2016年至2017学年高一期末市统考化学成绩对照表

	高一上学期	高一下学期
全市一级达标校平均分	66.19	64.11
全市二级达标校平均分	52.80	52.32
所任教两个普通班平均分	62.04	63.71
所任教班级位列二级达标校名次	第3名	第1名
所任教班级位列一、二级达标校名次	第8名	第6名

备注：全市一级达标校共8所，二级达标校共11所，我校是二级达标校。

第五章

问题解决教学的实践应用

第一节　问题解决在初高中化学衔接
教学中的应用

　　现行初中化学教材知识量少，浅显易懂。高一新生往往会带着化学易学的预期步入高中化学课堂，却料想不到高中化学概念抽象，内容信息量大，对思维能力要求高，更加注重对知识的理解与应用，学生顿时感到初中的学习方法难以适用于高中化学的学习。那些不能及时调整学习状态，一下子找不到适宜学习方法的学生，会出现学习化学兴趣下降，信心不足，化学成绩不理想的情况。针对这种普遍存在的问题，高中化学教师应及时对学生进行心理疏导，在教学中处理好初高中化学知识的衔接，帮助学生改善学习方法，重塑学生学习化学的信心。

　　普通高中化学课程目标在过程与方法这一维度上要求学生具有较强的问题意识，能够发现和提出有探究价值的化学问题，敢于质疑，勤于思索，逐步形成独立思考能力。由此可见，问题解决在高中化学学习过程中的重要性。以问题组织教学，精心创设问题情境，让学生在情境中发现问题、提出问题，激发学生参与学习活动的意识，形成学习动机，并逐步提高问题解决的能力，就可让学生尽快适应高中化学的学习。现结合鲁科版化学必修课程教学，谈谈问题解决在初高中化学衔接教学中的应用。

一、以初中化学知识的认识局限创设问题情境，激发学生学习动机

人们在学习知识的过程中，不同阶段会有不同的认识，初始阶段的认识常较片面，有一定的局限性。在新知识教学中若能以这种认识局限性创设问题情境，制造认识冲突，便能激发学生学习的动机。如初中阶段对反应类型的判断主要是依据四种基本反应类型，教师若让学生判断 $Fe_2O_3 + 3CO \xrightarrow{\text{高温}} 2Fe + 3CO_2$ 反应属于哪种基本反应类型？学生就会感到所学知识的局限性，产生学习新的反应类型分类方法的动机。

再如氧化还原反应是中学化学教学的重点和难点之一，贯穿于中学化学教材的始终。在初中阶段，学生仅从得氧失氧角度认识氧化还原反应，即物质得氧的反应叫作氧化反应，物质失氧的反应叫作还原反应，这种认识明显存在局限性。在高中氧化还原反应的教学中，教师就应充分利用这种认识局限性，创设以下问题情境来激发学生的求知欲。

① 试各列举出三个初中化学所学的"氧化还原反应"与"非氧

化还原反应"，比较它们除了在得氧、失氧方面不同外，还有什么不同的地方。

② 利用①的分析结果，从得失氧和化合价升降的角度来分析 $Zn+2HCl=ZnCl_2+H_2\uparrow$ 反应是不是氧化还原反应。

③ 从得失氧和化合价升降的角度分析 $C+2CuO \xrightarrow{\text{高温}} 2Cu+CO_2$ 反应，探究元素化合价变化与元素被氧化还原之间存在怎样的关系？

④ 从得失氧和化合价升降的角度分析反应 $C+O_2 \xrightarrow{\text{点燃}} CO_2$，判断氧化反应和还原反应是否同时存在于同一反应中。

以上问题情境较好地利用了学生的认知脉络，逐步递进，起到了很好的衔接、过渡、升华作用。通过这些问题情境组织课堂教学，能不断激发学生的学习动机，保持学生思维的活跃性。随着思维的逐渐深化，学生对氧化还原反应的概念也有了新的认识。

二、以初中化学知识的螺旋上升开展问题教学，培养学生问题意识

高中很多化学知识是初中知识的螺旋上升。初中对学习知识大多只要求"知其然"，而高中必须"知其所以然"。如初中学生只记住Cu不与盐酸反应，Fe与盐酸反应不生成 $FeCl_3$，只能生成 $FeCl_2$ 的结论，而其中缘由并未深究。高中在初中学习酸通性的基础上，螺旋上升到对酸的氧化性研究，学生通过高中学习才认识到：酸与金属反应的本质是发生氧化还原反应，盐酸等非氧化性酸的 H^+ 氧化性较弱，不能将Cu氧化，只能将Fe氧化成 Fe^{2+}；而强氧化性酸（如

HNO$_3$、浓 H$_2$SO$_4$）则能与 Cu 发生反应，Fe 可被 HNO$_3$ 氧化成 Fe^{3+}。

　　针对螺旋上升知识点的教学，教师在创设问题情境时应融合初中所学知识，这样可消除学生畏难情绪，充分调动学生参与的积极性，使学生敢于质疑、敢于发现问题和提出问题。例如，学生在初中阶段只学了过量的 CO$_2$ 气体能使澄清石灰水先变浑浊后变澄清，而到了高中阶段则上升为除了 CO$_2$ 气体，SO$_2$ 气体也可发生类似现象。因此，在 SO$_2$ 的教学中，教师可演示将 SO$_2$（实验前未告知学生是 SO$_2$）通入澄清石灰水的实验，待学生观察现象后，让学生判断该气体是什么。学生根据初中所学的知识一定会回答是 CO$_2$。这时，教师可让一学生闻气体的气味，然后进行追问：该气体有刺激性气味，会是 CO$_2$ 吗？教师通过创设学生熟悉的"CO$_2$ 与澄清石灰水反应"的实验情境，实验结果又与学生原有认知产生冲突，这样便极大激发了学生的求知欲望。接下来教师进行演示实验，把 SO$_2$ 气体分别通入装有品红溶液、酸性 KMnO$_4$ 溶液、溴水的试管中，并让学生在观察实验现象过程中思考以下问题。①SO$_2$ 与 CO$_2$ 都是酸性氧化物，除了具有相似的化学性质外，SO$_2$ 还具备哪些 CO$_2$ 所没有的化学性质？②SO$_2$ 中的 S 元素与 CO$_2$ 中的 C 元素均为 +4 价，试从氧化性、还原性角度分析二者有何不同。实验结束后，教师可引导学生讨论分析现象产生的原因，这样学生就相对容易理解 SO$_2$ 还具有 CO$_2$ 不具备的漂白性、还原性的知识难点。最后，由学生总结比较 SO$_2$ 与 CO$_2$ 的性质异同点，就可获得较好的教学成效。

三、以高中化学实验能力的新要求进行问题探究，提升学生问题解决能力

高中化学实验能力要求高于初中化学实验，更加注重实验的分析、探究与设计。化学是一门以实验为基础的科学，学生要学好高中化学就必须学习实验研究的方法，学会从实验中分析和解决问题，掌握运用化学实验学习化学知识的能力。教师在衔接教学中应充分应用实验素材培养学生的观察思考能力，引导学生对观察到的实验现象作本质的分析，使学生从感性认识上升到理性认识，并逐步形成较强的分析解决化学实际问题的能力。

例如金属钠的教学，教师可让学生回顾初中所学金属的物理和化学性质，再通过随堂实验，让学生亲自体验钠的取用、与H_2O的反应过程。实验前教师可设置以下问题供学生思考探究。①刚切割的金属钠表面在空气中如何变化？钠投入水中有哪些现象？②产生这些现象的原因是什么？③钠的保存和取用与钠的这些性质有关吗？学生经过讨论，不仅对钠的性质有较为深入的理解，还对金属的性质有全新的认识。接着，教师趁热打铁，提出"钠投入$CuSO_4$溶液会看到何现象？化学反应方程式如何书写？"等问题让学生分析解决。有的学生说会看到红色物质产生，有的学生说看不到红色物质而是看到气体和蓝色沉淀产生。不同的思维火花在课堂上激烈碰撞，学生强烈的探究欲迫切要求追根寻源。此时此刻，教师手中的演示实验吸引了所有学生的目光，学生的大脑开足马力，快

速运转，问题不再成为他们学习知识的障碍。学生很快达成了共识：正是由于金属Na非常活泼，在$CuSO_4$溶液中优先与H_2O反应生成NaOH，再和$CuSO_4$结合成蓝色的$Cu(OH)_2$沉淀。

显然，充分运用化学实验开展教学，就会收到屡试屡验的效果。直观的现象不仅有助于学生对知识问题的感知，更有助于学生对知识的理解、分析和运用。

四、问题解决应用于初高中化学衔接教学中应注意的几个问题

1. 要遵循学生认知规律，把握好知识的深度和广度

新课程化学必修模块的教学要求比之前虽有较大幅度的降低，但从初高中化学衔接教学的角度看仍有颇大的梯度。因此教师在初高中化学衔接教学中，要严格控制知识的深度和广度，避免"一竿子插到底"，违背了学生的认知规律。例如在"氧化还原反应"的教学中，若花大量时间让学生根据电子得失数目对氧化还原反应方程式进行配平，"物质的量"教学中过早进行差量法、守恒法等计算技巧训练等，就会给学生学习带来不必要的心理负担，使学生产生畏学、厌学情绪。

2. 要重视问题情境创设，设计好问题适宜度

问题情境优劣的关键在于创设，因为不是任何问题都能激发问题解决的动机，只有问题创设恰到好处，才能获得事半功倍的效果。笔者的教学体会主要是要优选题位、题链和时机。题位就是恰

当的问题位于学生认知的最近发展区，即在学生学习的"新旧知识的结合点"之上；题链即诸多的问题应有一定的梯度，且能逐层递进；时机即问题提出的时机一般随着教学进程而展现，但也要视学生主体活动的变化而机动。

3. 要注重问题解决过程，发挥好学生主体性

问题总是在教学过程中逐步解决的，这就要求师生共同努力，实现教学相长。教师在教学中要改变单一的传授模式，重视课堂发问、询问、追问功能，可让学生说出他们的思维过程，从中诊断其存在的知识漏洞或方法偏颇，以便补正。在初高中化学的衔接教学中，高中教师往往对来自不同初中学校学生学习化学的情况不甚了解，因此教师应主动面向学生，寻找其共同性和差异性，以便教学有的放矢。同时，学生最了解自己的底细，在这一问题上最有发言权，因此教师更要充分发挥学生的主体作用，让学生在参与中不断完善自我。

初高中化学衔接教学中教学方法的应用可谓"仁者见仁、智者见智"，但殊途同归，教学的目的都是帮助学生尽快地寻找到适宜的学习方法，转变学习方式，改被动为主动，真正成为学习的主人，快速适应高中化学的学习，不断提升问题解决的能力，从而提高自身的科学素养。

参考文献：

［1］王磊.化学比较教育［M］.南宁：广西教育出版社，2006：293.

［2］王磊.理解与实践高中化学新课程：与高中化学教师的对话［M］.北京：高等教育出版社，2007：79.

（备注：本文发表于《化学教与学》2013年第1期）

第二节　问题解决在有机化学不同课型教学中的应用

　　波普尔曾经提出著名的"科学始于问题"。学生的学习过程就是一个不断发现问题、分析问题、解决问题和再去认识更高层次问题的过程。普通高中化学课程目标要求学生具有较强的问题意识，能够发现和提出有探究价值的化学问题，敢于质疑，勤于思索，逐步形成独立思考能力；能综合运用有关知识、技能与方法分析和解决一些化学问题。因此，问题对于学习过程来说，有着至关重要的引导作用。化学教学实践也表明，问题解决不仅可以培养学生学习的主动性，还可以发展学生的辩证思维与创造性思维，形成怀疑、批判、创新、发展的科学精神。因此，问题解决的应用性研究，在中学化学教学中有着极为重要的现实意义。本文就问题解决在有机化学新课程（鲁科版）不同课型教学中的应用谈几点认识。

一、问题解决不等于解决问题

心理学家认为当学生可以利用的已有知识和经验与行动目标之间出现的空缺，根据题目的给定条件，采取一定的转换方法克服障碍达到目标，这就是问题解决。问题解决教学是指一种依据教学任务，由教师创设问题情境，以问题的发现、探究和解决来激发学生求知欲和主体意识，培养学生的实践和创新能力，进而让学生通过自主学习，能自行生成问题并解决问题，养成探索未知世界的积极态度的教学。问题解决教学是一种开放式的教学，可改被动学习为主动学习，实现师生互动、教学相长。

问题解决不等于解决问题。问题解决强调的是过程，其最终目的并不只是解决某一个具体的问题，而是通过问题解决的过程来激发学生思维，从而完善学生的认知结构，提高学生的学习能力，重视学生在问题解决过程中的体会；而解决问题更多的是倾向于教学的结果，其目标就是解决某一个具体的问题，以实现某种知识的应用或者获得某种新的知识。

二、问题解决在有机化学新课程不同课型教学中的应用

1. 新授课教学中问题解决的应用——精心创设问题情境

问题解决教学的一个重要特征，就是以问题作为课堂教学的载体，通过问题的解决来推进教学过程和建构知识。教师只有精心创设问题情境，才能使问题解决教学发挥更大的功效。

问题情境的创设，必须基于对学生已有知识经验和教材内容全面、科学地分析，根据学生的最近发展区，设计出具有较高思考价值和较大思维容量的问题或问题链。同时，问题的提出还应注意选择适宜的时机。

现以"醇的化学性质"教学中如何创设问题情境为例，分析 $CH_3CH_2CH_2OH$ 分子的结构特点，抓住通过结构预测性质这条主线，创设以下问题情境。

（1）该分子中是否存在不饱和键，能否发生加成反应？

（2）该分子中哪些部位存在较强的极性键？这些键断裂发生反应的类型是什么？

（3）由于醇分子中羟基上氧原子的强吸电子作用，使 β –H容易脱去，醇分子发生消去反应时该如何断键？

（4）醇分子和羧酸分子都含有羟基，那么在发生酯化反应时是"谁"脱掉羟基呢？

（5）已知醇分子中 α –C的氧化数小于+4，$CH_3CH_2CH_2OH+O_2 \xrightarrow{\triangle}$ 的化学反应方程式如何书写？

（6）试比较 $CH_3CH_2CH_2OH$ 与其催化氧化产物的结构，判断 $CH_3CHOHCH_3$ 催化氧化的产物是什么？根据反应机理，归纳出醇催化氧化的规律。

（7）课后体会结构与性质的关系，归纳总结醇的主要化学性质，感受醇在生产、生活中起何重要作用。

这些问题的逐个提出，激发了学生认知的冲动性和思维的活跃性，让学生在问题解决的过程中独立思考、合作交流讨论、增强学习体验，从而达成本节课所要实现的三维目标。

2. 实验课教学中问题解决的应用——切实加强实验探究

实验探究教学是把实验作为提出问题、探索问题和解决问题的重要途径和手段，使学生在创设问题情境中独立发现新事物、新问题，追求新知识。实验探究教学与传统实验教学最大的不同在于教师不过多限制学生，留给学生足够的时间和空间去试验自己的新想法，构思化学问题解决的方案，并尝试解决化学问题。

鉴于目前多数中学实验条件的限制，笔者认为教学中教师应根据实验不同情况，采取"教师演示实验引导学生探究"与"学生自主探究实验"相结合的方式。如"利用乙醇的消去反应制取乙烯"的实验，由教师演示，引导学生观察实验现象，提出"①实验过程中溶液的颜色为何变黑？②反应液中乙醇与浓硫酸的体积比为什么是1∶3，浓硫酸起了什么作用？③为什么要迅速将温度提高至170 ℃？"等问题，让学生自主探究，活跃学生的思维。

再如"苯酚的主要化学性质"的实验，则可由学生自主探究。学生通过分析苯酚的结构，预测苯酚的化学性质是不是醇和苯的性质的简单加和，并通过实验进行探究。其中，在探究苯酚与溴水反应的过程中，不同实验组由于加入两种试剂的顺序不同，能够观察到不同的实验现象并得出不同的结论，学生在相互交流成果时发现了二者的矛盾，激发了学生进一步对实验的探究。最后，学生会明白是由于生成的三溴苯酚易溶于苯酚，使沉淀溶解的原因。通过自主探究，学生在化学实验问题解决过程中积极动脑动手，认识和掌握了苯酚的性质，提高了实验操作的基本技能，发展了设计实验、实施实验、观察实验、分析现象并得出结论的能力，更重要的是掌握了问题解决的科学方法。经历科学探究的过程，学生培养了实事求是的科学精神以及一丝不苟的科学态度，体验了问题解决的乐趣。

3. 复习课教学中问题解决的应用——高效设计教学内容

有机化学复习课由于涉及的信息量大，常常是以教师讲授为主，学生被动地跟着教师的思路充当听众，尤其是基础较差的学生，无法积极地思考，跟不上节奏，一堂课结束，教师说得口干舌燥，学生听得头皮发胀，收效甚微。特别是鲁科版有机化学基础（选修）第三章"有机合成及其应用"的复习课中，一旦把握不好，不能对碳骨架的构建与官能团引入（转化）的各种方式逐一进行归纳，章复习便成了全书的复习，无法完成章复习的目标。因此，在有机复习课中教学内容的设计至关重要，要体现高效性。

笔者在"有机合成及其应用"的章复习教学中，设计了以下的教学内容：以乙烯、甲苯为原料，根据设计有机合成路线的一般程序，请学生四人一组合作设计丙酸苯甲酯的合成路线，后请几组各派一代表汇报本组的设计，师生共同对不同的合成路线进行点评，并选出最佳的路线。

图5-2-1是经师生共同讨论得出的合成路线。

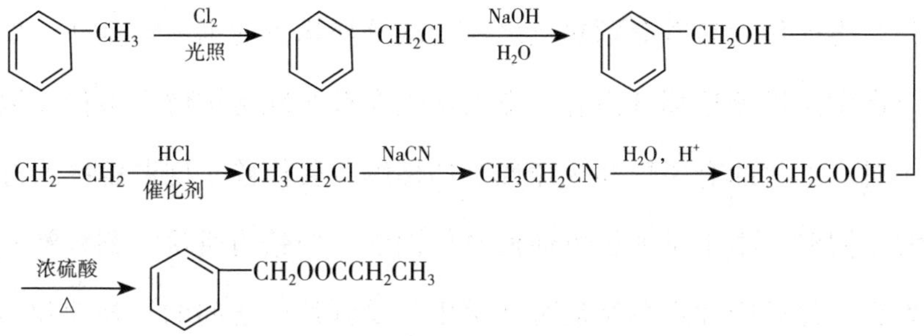

图5-2-1

本内容的设计既涵盖了官能团的引入、官能团的转化、碳骨架的构建（如可利用卤代烃与NaCN取代羧酸与醇的酯化等增长碳链）等有机合成的核心内容，又包含了"逆推法"设计合成路线、学生合作探究的过程与方法，还体现了师生交流互动，以"绿色合成思想"对不同合成路线优选的情感态度与价值观。在课堂教学中学生对所学知识学以致用，取得了较好的教学效果。

4. 讲评课教学中问题解决的应用——努力搭建共评平台

讲评课的主要教学目标，是教会学生如何评价、如何寻找自己所存在问题的原因。由于学生的个体差异，不同学生遇到的困难常常不同，问题解决的途径也不同。笔者认为讲评课不能只成为教师解题方法技巧的展示台，而应成为师生共同讲评、双边活动的平台。讲评课中教师应为学生提供充分参与的机会，引导学生积极、主动地参与讲评活动，让学生勇于发表自己的见解并提出质疑。如试卷讲评课可以让学生自评错误成因，现身说法，就可大大减少诸如官能团写错字、结构简式漏写H原子等低级错误。再如作为高考命题热点之一的同分异构体的书写与推断，如果由学生讲评这部分内容，那么学生在精心准备讲解中不仅加深了对"书写的有序性和规律性"的理解，更体验了问题解决的过程。同时，学生讲评也可促使其他同学集中精力听讲，踊跃补充发言，经教师评点总结后可让学生感受到彼此之间的互补性和集体的力量，真正提高了讲评课的效果。当然，对于具有一定深度、广度且具有普遍性的问题可采取教师单方讲评的方式，但教师在讲评过程中也要注重启发学生的思维、调动学生积极性，如可进行"变式练习"，通过改变题设部分的某一条件、变换问题情境、变换设问方式等方式，从多角度、多层次进行合理的思维发散，加强学生思维的变通，提高问题解决能力。

问题解决在新课程教学中的应用，一方面使得学生学习素养有了较大提升，学生具有了较为强烈的问题意识，提出问题、分析问题、解决问题的能力得到了加强，学生思维的深刻性、批判性和灵活性逐步得到了锻炼；另一方面，对教师的素质提出了更多的挑战，需要教师有广博的知识作为基础，要有较强的思辨能力和较高的教学机智。因此，在新课程背景下教师要不断学习，在不同课程模块、不同课型教学中对问题解决加以应用。

参考文献：

［1］中华人民共和国教育部．普通高中化学课程标准（实验）

　　　［M］．北京：人民教育出版社，2003：7-8.

［2］王磊．化学比较教育［M］．南宁：广西教育出版社，2006：

　　　319-320.

（备注：本文发表于《福建教学研究》2011年08期）

第三节　高中电化学教学问题情境的创设

　　电化学知识在中学无机化学基础理论中占有非常重要的地位，它建立在重要的化学反应理论知识——氧化还原反应之上，而且涉及物理学中的电学知识，综合性比较强，是高中化学教学的重点和难点之一，也是近年高考化学的必考内容，重现率非常高。由于电化学知识教学存在学生不易理解理论知识，不善于解决实际问题的状况，因此教师在电化学知识教学中如何创设恰当的问题情境以激发学生求知欲和主体意识，使学生改被动学习为主动学习，敢于质疑，善于分析并解决问题，就显得十分必要。

　　本文结合笔者的教学实践，就高中电化学知识教学中如何创设问题情境谈几点体会。

一、通过实验探究来创设问题情境

化学是一门以实验为基础的科学，精心设计的化学实验在带给学生惊奇、不解和矛盾的同时，更能激发学生强烈的求知欲望。原电池的工作原理及产生电流的本质原因对学生来说不易理解，笔者在教学中设计了以下实验供学生探究，并创设了一组问题链，将学生带入乐于持续思考的情境。

实验前将学生分为四人一组，其中两人按Ⅰ组、另两人按Ⅱ组所给材料分别开展实验。

Ⅰ组：A为Zn棒，B为Cu棒，C为稀H_2SO_4溶液。

Ⅱ组：A为Zn棒，B为石墨碳棒，C为$CuSO_4$溶液。

实验时让学生按图5-3-1装置，将A、B两棒用导线连接好并同时插入C溶液中，观察A、B两棒的变化和C溶液中的现象。

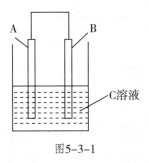

图5-3-1

实验后教师要求小组四人相互交流观察到的现象，并讨论现象是否符合预期。待观察到大部分学生对实验现象产生疑惑，与自己原有的认识产生不一时，教师可趁热打铁创设以下的问题情境供学生思考。

① I组中已知Cu不能和稀H_2SO_4反应，为何Cu表面有大量气泡产生，该气体是什么气体？Cu溶解了吗？为何溶液未变蓝？

② II组中已知碳棒不能和$CuSO_4$溶液反应，为何碳棒表面有红色Cu析出？C溶液中蓝色变浅，说明Cu^{2+}在碳棒上得到电子被还原为Cu，那么它所得的电子从何而来？

③ 请在连接A、B的导线间接入电流计，观察指针发生了怎样的偏转，这说明了什么问题？

④ 请将连接A、B的导线断开，观察与之前的现象比较有何不同，请加以解释。

⑤ 按图5-3-2装置进行实验，能否观察到电流计指针发生偏转？其缘由是什么？

⑥ 在图5-3-2装置两溶液间插入盐桥后，观察指针怎样偏转，从此实验中体会构成原电池的条件是什么。

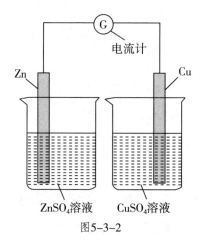

图5-3-2

这些问题的逐个提出，更加激发了本已处于激奋状态的学生认知的冲动性和思维的活跃性，让学生在问题解决的过程中对原电池的工作原理有了较为深入的理解。学生进一步认清电子的流向，电解质溶液中阴、阳离子的定向移动，不同电极上所发生的氧化反应或还原反应；领会原电池产生电流的本质原因是两极存在电势差，该电势差驱使电子在两极间发生转移，发生氧化还原反应。

二、运用问题变式来创设问题情境

电极反应式的书写，尤其是燃料电池电极反应式的书写对学生来说是难点。教师可先以常见的氢氧燃料电池（电解质溶液为KOH溶液）为例，讲解电极反应式的书写方法：由电池反应可知，在反应中H_2失电子被氧化，O_2得电子被还原；由于介质是碱溶液，不可能有H^+参加或生成，根据电荷守恒、原子守恒便可写出负极的电极反应为$2H_2+4OH^--4e^-=4H_2O$，正极的电极反应为$O_2+2H_2O+4e^-=4OH^-$。接着，教师对问题进行变式，创设以下的问题情境。

① 若把电解质溶液KOH溶液改为稀H_2SO_4，电极反应式如何书写？

② 若把电解质改为能传导O^{2-}的固体电解质或能传导H^+的有机高分子材料，电极反应式又如何书写？

③ 若把燃料氢气改为甲烷或甲醇，被氧化后的C元素在碱性或酸性介质中的存在形式分别是什么？电极反应式该如何书写？

学生通过对以上问题变式的练习，可不断进行比较反思，思维得到持续强化，易从中总结出电极反应式的书写规律（三据三定）：据元素化合价变化定得失电子数目，据反应介质定物质变化后的存在形式，据电荷守恒和原子守恒定反应系数。运用问题变式创设问题情境，可使学生对知识要点的理解更加深入，记忆更为深刻，学生在问题解决过程中对所创设情境信息的处理会更加到位。

三、借助媒体动画来创设问题情境

借助计算机技术设计动态的界面，将微观粒子形象化，能充分调动学生的形象思维，可使学生产生身临其境的感受，从而激发学生学习兴趣。例如教师在讲授电解饱和食盐水制备烧碱、氢气和氯气的工作原理时，可借助媒体动画展示电子的流向和溶液中阴、阳离子定向移动的情境，提出"①溶液中Na^+、H^+、Cl^-、OH^-在不同电极上谁优先放电，如何验证？②NaOH是在阴极区还是在阳极区产生，为何？③应采取何种措施来防止阴极区和阳极区的产物发生反应？"等问题。借助形象的动画可使学生更好地思考，对难以理解、抽象的微观粒子运动情况有直观的认识，从而真正地理解电解的工作原理，明晰NaOH在哪个区产生等易混淆的问题。

再如教师在介绍金属的腐蚀与防护知识时，若在课前能收集因金属腐蚀所造成损失的相关数据、图片和视频，在课中通过多媒体展示呈现给学生，并提出"金属为何会被腐蚀，腐蚀的原理是什么，可采取哪些防护措施？"等问题，就必能激发学生的探知欲，活跃学生的思维。

四、利用化学史料来创设问题情境

化学史上那些著名的实验和发现事例，是情境教学的优质素材。在化学课堂教学中利用化学史料创设问题情境可使教学不再局限于静态的知识，而是追溯到它的动态演变过程，揭示出反映在认识过程中的科学态度和科学思想。例如有关"电解"新授课的课前导入，教师可利用铝的冶炼史来创设情境。铝是地壳中含量最多的金属，一百多年前曾因从铝矿石中提炼铝极其困难而使铝如同珍宝、价同黄金。1886年，不满23岁的年轻发明家霍尔用冰晶石降低了氧化铝的熔点，从而发明了廉价的电解炼铝法，使得铝从此成为应用广泛且发挥着重要作用的普通材料。而且非常巧合的是，一位与霍尔同龄的年轻法国化学家埃鲁也在这一年稍晚些时候发明了相同的炼铝法，霍尔与埃鲁在相距万里的两大洲，同年来到人世又同年发明了电解炼铝法，且同年相继去世。这段史料趣闻能激起学生对电解原理和电解原理在工业生产中的应用等问题产生浓厚的兴趣。

再如通过介绍化学电池的发展史，从最早的伏打电池到现今的锂电池、燃料电池，教师可列举出不同年份、不同科学家发明的不同类型的化学电池，让学生在感受科学进程的艰辛和科学创新带来无穷魅力的同时，对不同电池的电极材料，发生怎样的电极反应，充电放电原理等问题追根寻源。

五、捕捉前沿信息来创设问题情境

近几年关于电化学知识的高考试题情境新颖，常引用当前最新的科技成果，2011年福建省高考理综试卷第11题就是一例。

研究人员研制出一种锂水电池，可作为鱼雷和潜艇的储备电源。该电池以金属锂和钢板为电极材料，以LiOH为电解质，使用时加入水即可放电。关于该电池的下列说法不正确的是（　　　）。

A. 水既是氧化剂又是溶剂

B. 放电时正极上有氢气生成

C. 放电时OH^-向正极移动

D. 总反应为：$2Li+2H_2O=2LiOH+H_2\uparrow$

此问题情境取材于新的化学电源，而知识落脚点则基于原电池原理。国家新能源"十二五"发展规划的发布，将大大促进化学电源的发展，各项新技术、新成果将会不断涌现、推出，这就为高考命题提供了丰富的素材。化学教师要善于捕捉化学前沿信息，善于利用新技术创设新的问题情境，让学生逐步学会运用所学知识分析解决新情境下电化学知识的相关问题，从而提高对知识的迁移应用能力。

随着教学实践探求的深入，问题情境创设的方法和形式会不断地创新并走向规范。本文提及的五种方法仅是笔者的教学尝试，有其不同的特点与效应。但从总体上说，要提升问题情境创设的有效性，应保证所创设的情境能激发学生的认知冲突，启发学生积极思考，问题的设置要难易适中，是一些学生愿意"跳"，跳跃后能"摘到果子"的问题。同时，问题的提出还要注意选择适宜的时机。总之，只有适时、适度、适用且新颖的问题情境对学生才有吸引力，才能调动学生解决问题的积极性，提高分析处理电化学问题的能力。

参考文献：

［1］王磊. 化学比较教育［M］. 南宁：广西教育出版社，
2006：319-320.

第四节　基于学本课堂的高中化学
问题导学案设计

　　为践行"以学为主""以学定教""多学少教"等教学观，导学案近几年在高中化学教学中得到了广泛使用，可实际教学效果并不理想。这主要是由于很多导学案未能充分发挥学生主体性，仅做到"形似"而没做到"神似"，导学案的编制千篇一律，知识化和习题化倾向明显，充其量是教材知识的搬迁和习题集的再现，其功能主要停留在学生对知识的认知层面，无法引发学生深层的思考，对帮助学生形成解决问题的素养与关键能力并无益处，反而加重了学生的学习负担。编制一份能真正激发学生学习动力，促进学生深度学习，提高学生信息获取和处理能力、分析问题和解决问题能力、实验探究能力，简洁而不简单，能真正成为学生学习好帮手的导学案，在新一轮课程改革中将非常重要。笔者经过多年实践探索，认为导学案的设计应以问题学习为主线，贯穿课前、课中和课后，让学生围绕问题导学案中的问题开展自主合作探究学习，在教师的协助下，学生积极参与问题的解决，使学生在讨论与评价中建构知识、发展能力，从而实现学习目标。

一、高中化学问题导学案设计的原则

基于学本课堂的问题导学案设计，要以课程标准为依据，以学习者的学习为本。除了从知识层面，更要从化学方法和化学观念视角来设计问题，引导学生学会思考、学会学习。问题的设计通常应遵循以下原则。

1. 目标性原则

问题的设计要实现有利于学生形成学科核心素养这一目标，要立足于学科核心知识，能体现学习过程与方法，能帮助学生形成化学观念。

2. 最近发展区原则

问题设计要着眼于学生的最近发展区，既要基于学生认知基础，又要让学生"跳一跳才能摘到桃子"，激发学生主动参与思考。

3. 层次性原则

问题的设计要有梯度，能形成一个问题链，要依据学科的知识逻辑和学生的认知逻辑来设计，使学生参与多种认知水平的互动，引导学生的思维从低级到高级逐渐发展。

4. 开放性原则

在问题导学案中设计一些开放的、没有固定答案的问题，着眼于打开学生的思路，培养学生的创新能力。

5. 情境性原则

将问题置于与生产生活相关的化学情境中，让学生在真实的化学情境中思考、发现、探索、解决问题，感悟学习化学的价值。

二、电化学复习课导学案设计策略

电化学在高考中占有重要的地位，也是高中化学教学的重点和难点之一。学生存在不易理解电化学理论知识，不善于解决电化学情境问题的状况。因此，教师在电化学复习教学中如何设计优质的问题导学案，改学生被动学习为主动学习，浅层学习为深度学习，让学生善于分析和解决问题，就显得十分重要。

1. 课前问题设计应注重自主建构知识，要利于夯实知识基础

电化学高考试题虽然常变常新，但只要认真解读课标，就不难发现考点还是落在原电池和电解池的工作原理，电极判断，阴阳离子、电子（电流）流向判断，电极反应书写、分析及正误判断等基础知识上。因此，问题导学案中课前问题的设计要引导学生通过自主学习建构知识，以进一步夯实知识基础，为课中问题解决做好准备。教师可以设计以下两个课前问题。

课前问题1：请从能量转换和氧化还原反应的视角，对原电池和电解池进行比较分析，要求厘清二者在构成条件、电极判断、电子流向、阴阳离子迁移、电极反应、工作原理等方面的异同点。

课前问题2：氢气、甲烷等燃料电池在酸性或碱性介质中电极反应式分别如何书写？试着归纳总结电极反应式的书写规律。

设计意图：课前让学生从本质上对所学的原电池和电解池知识进行整理比较，可使学生对高考考点的基础知识落脚点理解得更加到位明晰。通过让学生书写、比较不同的电极反应式，并从中自行总结书写方法与规律，使学生能更好地书写新情境下陌生的电极反应式。

2. 课中问题设计应突出重点、疑点、难点，要利于发展思维能力

新能源的大力发展促使各种新型化学电池不断涌现，各项新技术、新成果不断推出，这就为高考命题提供了丰富的素材。因此，教师要认真研究不同省份的高考试题，从中精选试题、改编试题，不断积累问题资源。在设计问题导学案的课中问题时要聚焦核心知识，针对重点、疑点、难点，赋以新的问题情境，让学生在新情境中解决问题，发展思维能力。

例如，原电池正负极、电解池阴阳极的正确判断是分析电化学问题的重要环节，一旦判断错误，将造成一连串的错误。为了提高电极判断的准确性，教师可在课中设计以下两个问题。

课中问题1：使用锌电极、铜电极、橙子（酸性介质）可设计成一个水果电池，现有酸性水果（柠檬、柑橘、橙子等）、碱性水果（柿子、葡萄等）、电极材料（镁条、铝片、铜片、碳棒）。当你选择酸性水果或碱性水果组装水果电池时，其正负极材料分别可以怎样选择？

课中问题2：铅蓄电池的工作原理为$Pb+PbO_2+2H_2SO_4=2PbSO_4+2H_2O$，请研读图5-4-1，K刚闭合时，Ⅰ池和Ⅱ池哪个作为原电池？a、b、c、d四个电极的名称分别是什么？

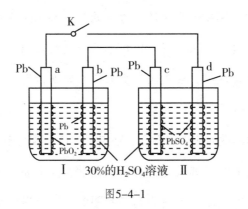

图5-4-1

设计意图：问题1引导学生用日常生活中的水果来设计水果电池，能有效激发学生的学习兴趣，通过不同介质、不同电极材料的选用，可考查学生对原电池构成条件的认识，而且问题的设计是开放性的，正负极材料有多种组合，可培养学生的发散思维。问题2以充放电装置加大电极判断的难度。课堂中学生在解答问题2时遇到了思维障碍，教师可以启发学生思考"该电池能自发进行的氧化还原反应是什么"，学生经过相互讨论，很快作出了正确判断。

又如，电子的流向和阴阳离子的迁移也是学生常见的易错点，为此教师可设计如下问题。

课中问题3：分析并阐述图5-4-2所示实验装置的工作原理，试分析将K闭合，可观察到哪些实验现象？电子沿什么路径流动？盐桥中的K$^+$向哪个池移动?

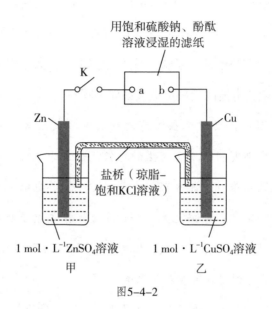

图5-4-2

设计意图：引入盐桥，将双液原电池与电解池组合，可考查学生对原理知识的应用能力；课堂中通过学生的回答，教师可以发现学生误判电子由a流向b，不理解为何滤纸上a处变红，不会判断盐桥中离子的移动问题，这时可以通过师生对话交流，让学生明晰电子不能在溶液中移动，碱在哪个电极附近产生与水电离平衡移动有关，盐桥中离子的移向可依据溶液中电荷守恒思想来判断。

再如，电极反应式的书写是电化学的重点和难点，尤其是陌生电极反应式的书写常使学生望而生畏。因此，如何帮助学生归纳总结出电极反应式的书写规律，掌握书写方法技巧特别重要。为此教师可设计如下问题。

课中问题4：二甲醚（CH_3OCH_3）直接燃料电池具有启动快、效率高等优点，其能量密度高于甲醇直接燃料电池，若电解质为碱性，甲醇直接燃料电池的负极反应式如何书写？若电解质为酸性，二甲醚直接燃料电池的负极反应式如何书写？

设计意图：借助学生在课前总结的电极反应式书写方法与规律，考查学生书写新情境下陌生的电极反应式的能力。课堂上，当学生书写遇到困难时，教师可以先帮助学生完善电极反应式书写方法："四据四定"，即据元素化合价变化定得失电子数目；据反应介质定物质变化后的存在形式；据电荷守恒定补H^+或OH^-的位置及系数；据原子守恒定其余物质及系数。

在好方法指导下，大多数学生很快写出了正确的电极反应式：

$CH_3OH+8OH^--6e^-=CO_3^{2-}+6H_2O$；

$CH_3OCH_3+3H_2O-12e^-=2CO_2+12H^+$

另外，为加强学生思维训练，培养学生接受、吸收、整合化学信息能力以及分析和解决问题的能力，课堂中可设计新情境下解决电化学的综合性问题，教师可以选2016年全国Ⅰ卷高考理综试题作为例题。

课中问题5：三室式电渗析法处理含Na_2SO_4废水的原理如图5-4-3所示，采用惰性电极，ab、cd均为离子交换膜，在直流电场的作用下，两膜中间的Na^+和SO_4^{2-}可通过离子交换膜，而两端隔室中离子被阻挡不能进入中间隔室。下列哪些叙述不正确？

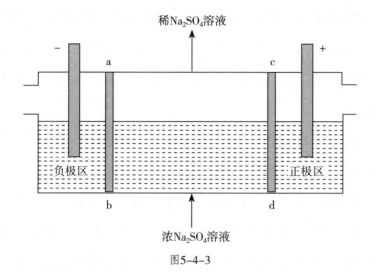

稀Na_2SO_4溶液

a   c

负极区   正极区

b   d

浓Na_2SO_4溶液

图5-4-3

① 通电后中间隔室的SO_4^{2-}向正极迁移，正极区溶液pH增大。

② 该法在处理含Na_2SO_4废水时可以得到NaOH和H_2SO_4产品。

③ 负极反应为$2H_2O-4e^-=O_2+4H^+$，负极区溶液pH降低。

④ 当电路中通过1 mol电子时，会有0.5 mol的O_2生成。

设计意图： 利用化学生产实践中电化学处理废水的真实情境，既考查定性分析，又考查定量计算，使学生在问题解决中既发展了思维能力，又可感悟学习化学的价值。

3. 课后问题设计应着力解决实际问题，要利于形成学科素养

由于课堂时间有限，课后有更多思考的时间与空间，因此，课后问题的设计在难度上应有所提升，还要能引导学生反思，总结解决问题的过程与方法，逐步形成化学观念。教师可以设计以下两个课后问题。

课后问题1：用铂电极电解$NaCl$和$CuSO_4$混合溶液，当电路通过4 mol电子时，在阴阳两极都产生了1.4 mol气体，电解后溶液的体积为4 L，则电解后溶液的pH为多少？铂电极的质量可增加多少克？

课后问题2：电化学计算最常见的是有关两极产物的定量计算和溶液pH的计算，你通常采用什么样的方法来解决？

设计意图：定量计算是近年高考的热点与难点，以上问题除了考查在多种离子共存的情况下离子放电先后顺序知识外，还要求学生能从定量的角度分析离子在不同阶段的不同放电结果，最后反思总结出电化学计算常用的关系式法和电子守恒法。

综上诸多问题的设计体现了问题导学案设计的五大原则，问题链中的问题由浅及深，从夯实基础知识到培养问题解决能力，富有层次，符合学生的认知规律，有利于促进学生思维向高阶发展，既聚焦电化学核心知识，又注重过程方法体验和化学观念的形成，而且化学学科特点鲜明。学生可在真实的化学情境中思考、探索、感悟，真正做到学以致用。

学本课堂是以学习者学习为本的课堂，优质的问题导学可以使教师和学生都成为学习者，教师要在问题的研究设计中不断提升自我，实现智慧导学，学生要在问题解决中建构知识，学会自主合作探究学习，从而实现师生的和谐共成长。

参考文献：

［1］韩立福. 学本课堂：走向"学习的世界"［J］. 中国教师，

　　　2016（5）：52–57.

［2］王愫懿. 善用"导学案"这把打开化学思维之门的"钥匙"

　　　［J］. 中学化学教学参考，2012（11）：23–24.

（备注：本文发表于全国中文核心期刊《中学化学教学参考》

2018年第1–2期）

第五节　合理运用化学实验进行
问题解决教学

　　我国著名的化学教育家戴安邦教授曾说，"在化学教育中强调化学实验，无论如何都不会过分；化学实验室是学生学习化学最有效和收获丰富的场所"。新课程改革十分重视化学实验，单列了实验化学选修模块，在必修和其他选修模块中赋予了实验更多的内涵。然而，在现行的高考体制下，实验化学选修模块的开设几乎没有可能，但这绝不意味着就可以弱化化学实验，化学实验对于实现高中化学课程目标具有不可替代的作用。我们知道，许多化学问题的产生都源于实验，那么，如何在高中化学教学中充分利用和挖掘实验素材，培养学生的问题意识，提升学生分析问题和解决问题能力，更好地实施问题解决教学呢？

　　问题解决教学主要包含以下几个环节：创设问题情境（提出问题）、分析问题、解决问题和迁移应用。本文就如何通过化学实验这个平台实施有成效的问题解决教学谈几点认识和体会。

一、运用随堂实验创设问题情境，促成学生养成良好的思维习惯

以实验为基础是化学学科的重要特征。精心设计的实验在带给学生惊奇、不解和矛盾的同时，还能激发学生强烈的求知欲望。教师此时若能结合教材重点、难点设置相关的问题链，使教学过程一环扣一环，让学生置身于由实验产生的问题情境中，思维处于高度集中的状态，就必能叩开学生思维的大门，使学生形成持久的内驱力，产生思想上的共鸣，有效地调动每个学生的思维积极性，活跃课堂气氛，实现有效教学。长此以往，可培养学生较强的问题意识，促使学生养成良好的思维习惯。

例如在"金属钠和水反应"的教学中，笔者先让学生回顾铁与硫酸铜溶液反应的现象，并要求学生写出其反应的化学方程式。接着，让学生根据金属活动顺序，猜想钠与硫酸铜溶液反应的现象和化学方程式。学生会看到红色物质产生的现象，就写出了"$2Na+CuSO_4=Na_2SO_4+Cu$"的化学方程式。这时，笔者将一小粒钠放入盛有硫酸铜溶液的试管中，让学生观察是否有红色铜产生，结果没有看到红色物质，而是看到有蓝色沉淀产生。出乎意料的实验现象立即激发了学生浓厚的兴趣和强烈的探究欲，这时，笔者设置了以下几个问题。

① 蓝色沉淀是何物质？是如何产生的？［学生答：是$Cu(OH)_2$，

是由$CuSO_4$和NaOH反应产生]

② Na和$CuSO_4$中均不含H元素，$Cu(OH)_2$中的H从何而来？（学生自然会联想到H_2O）

③ Na能否和H_2O发生反应？其产物是什么？

紧接着，让学生带着好奇心自己动手进行实验：在一只培养皿中加适量水，滴入1~2滴酚酞溶液，将切好的一小粒金属钠投入水中，观察发生的现象。此时学生观察的用心程度倍增，不再像平时教师演示实验时那样"看热闹"，而是全神贯注地在"悟门道"。

随后笔者让学生表述观察到的现象，并回答以下三个问题：①钠为何熔成闪亮的小球？②钠为何浮游在水面，并发出"咝咝"声？③滴有酚酞的水溶液为何变红？

通过实验和分析，学生很好地掌握了钠和水反应的知识要点，且印象特别深刻。接着笔者继续追问："Na比Cu活泼很多，为何在水溶液中不能将硫酸铜中的铜置换出？"此时学生的思维不再有任何障碍，认识到正是由于金属Na非常活泼，在$CuSO_4$溶液中优先与H_2O反应生成NaOH，NaOH再和$CuSO_4$反应生成蓝色的$Cu(OH)_2$沉淀。

二、通过定量实验分析误差问题，培养学生科学严谨的态度

化学定量实验在高中化学实验教学中为数不多，教师应充分把握，要让学生认识到化学定量实验误差的存在是不可避免的，我们只能在实验过程中尽量避免不规范操作来减少实验误差。实验前教

师应要求学生做好充分准备，对操作流程每个环节可能造成实验误差的影响因素进行客观全面的分析。这样既可让学生在实验操作过程中引起注意，减少因操作失误带来的实验误差，又可增强学生分析问题的能力，还可逐步培养学生形成严谨的学风、实事求是的科学精神和一丝不苟的科学态度。

现以"一定物质的量浓度溶液的配制"的定量实验为例，教师在引导学生分析所配制溶液的浓度（c）会受溶质的物质的量（n）和溶液的体积（v）两因素变化而产生误差后，让学生针对操作过程中可能出现的以下情形进行分析，判断由此可造成所配制溶液的浓度是偏大、偏小还是不变。

① 称量时错将固体药品放在右边托盘并移动了游码；用滤纸称 $NaOH$ 固体。

② 溶解或稀释后未冷却至室温就进行移液。

③ 移液前容量瓶内有少量水；移液过程有少量液体流出；未将洗涤液一并转入容量瓶中。

④ 定容时水多加后用滴管吸出；定容时俯视或仰视读数。

⑤ 摇匀后液面下降再加水。

通过这些情形的设置，学生经过认真分析和思考判断，便可对溶液配制过程中的每个操作步骤可能带来的误差有全面的了解。接下来，学生在实际操作过程中便能从中引以为戒，减少人为带来的不必要的实验误差。学生在实验过程中既锻炼了能力，又领悟到其中蕴含的科学精神。

三、精选探究实验解决化学问题，提升学生的创新实践能力

化学探究实验对培养学生的化学学习兴趣，提高学生动手动脑能力，增强学生的科学探究欲望，培养学生创新能力，提高学生的科学素养都具有重要的意义。新教材中安排了很多学生自主探究实验，但迫于高考压力、课时紧的现状，教师很难安排过多的探究实验，为了处理此类矛盾，就要求教师精选探究实验，尽可能实现实验教学效益的最大化。

教师所选择的化学实验问题要有实际的探究价值，要能满足学生发展探究能力，提升解决问题能力，提高科学素养的需要。

例如"$Fe(OH)_2$的制备和性质"探究实验就可较好体现这种需要。该实验由教师提供备用的仪器和试剂，如试管、胶头滴管、长滴管、酒精灯、新制的$FeSO_4$溶液、NaOH溶液（未煮沸）、植物油等。当学生将NaOH溶液滴入盛有$FeSO_4$溶液的试管中，看到"有灰色沉淀生成，且沉淀颜色很快变为灰绿色，最后变为红褐色"的实验现象与他们预期的白色絮状沉淀不符时，学生的好奇心立即就被激起，此时教师抓住机会组织学生展开分析讨论，并对"制备一定量的$Fe(OH)_2$并保持一段时间"大胆提出自己的解决方案。

经过讨论，学生对实验失败的原因基本达成共识：由于$FeSO_4$、$Fe(OH)_2$易被空气中的O_2所氧化，要想制备得到$Fe(OH)_2$沉淀，关键是要想办法防止其与O_2接触。但对实验解决方案却众说纷纭，不同学生提出了不同的解决办法：有的学生认为应将NaOH溶液煮沸以

除去溶解的O_2；有的学生认为应用长滴管吸取NaOH溶液插入$FeSO_4$溶液底部再慢慢挤出NaOH溶液；有的学生则认为可在反应液面上滴加植物油或苯进行液封等。

最后，学生通过取长补短，对自己的实验方案进行了修订完善，经再次实验操作得到了白色$Fe(OH)_2$沉淀，并保持了较长的时间。学生脸上露出了成功的喜悦，内心充满了成就感与满足感。这时教师趁热打铁展示一套优秀的探究实验方案，要求用如图5-5-1所示的装置和NaOH溶液、铁屑、稀硫酸等试剂制备$Fe(OH)_2$，并提出如下问题。

① 两个试管中分别放什么试剂？

② 装好试剂，打开止水夹，塞紧塞子后的实验步骤是什么？

③ 此装置的原理是什么？好处是什么？

学生的思维活动再次被激发，求知欲高涨，讨论过程相当热烈，最后由教师归纳总结，结束了本次的实验探究。学生走出化学实验室时，还为刚才老师布置的"能否设计出其他的优秀方案"任务而兴奋。

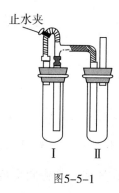

图5-5-1

四、借助创新实验强化迁移应用，发展学生优良的思维品质

知识与技能的迁移并不是机械地照搬已知知识和经验，而是在面临新的问题情境时，能由已知推未知，掌握分析解决新问题的办法和途径。同时，思维过程要克服思维"定式"的消极影响，做到发散思维。

在高中化学实验教学中，教师可根据学生已有的基本实验知识和原理，借助一些创新的小实验，进一步培养强化学生迁移应用能力。例如根据喷泉形成的基本原理，可借助图5-5-2的两个实验装置让学生分析如何能形成"喷泉"。

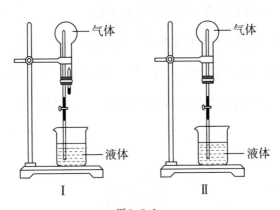

图5-5-2

再如"铜与稀硝酸反应探究实验"，为证明其产物为NO，教师可选用图5-5-3的创新实验装置。实验时先将活塞打开，从U形管较长的管口注入稀硝酸，直到液面与橡胶塞接触为止，保证铜丝与稀

硝酸接触时无空气。随后关闭活塞，用酒精灯在U形管的短管一侧加热，当铜丝上有气泡产生时立即撤去酒精灯。铜丝与稀硝酸反应生成的气体将稀硝酸排向长管，使铜丝与稀硝酸脱离接触后，反应自行停止，管内有无色气体生成。最后，将活塞慢慢打开，U形管的长管中的稀硝酸又回落到短管内，分液漏斗有红棕色气体出现。该实验器材简单、操作方便、现象明显，可以长时间观察到无色NO气体。

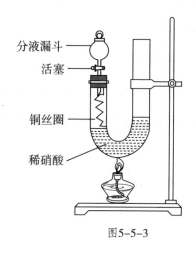

分液漏斗
活塞
铜丝圈
稀硝酸

图5-5-3

通过采取这种方式进行强化训练，对培养学生思维的广阔性、敏捷性、深刻性和灵活性十分有益，可使学生逐步形成优良的思维品质。

新课程实施的不断深入，对化学教师的实验教学提出了更高的要求。新课标不再硬性划分演示实验和学生实验，这给教师创造性应用实验和学生主动性探究实验提供了空间。教师在用问题解决进行高中化学实验教学时，要充分合理运用化学实验，为学生创设最佳的问题情境，培养学生的问题意识，设置有助于学生形成认知冲突的化学实验问题，激发学生的思维，借助实验现象和实验数据分析解决问题，并在过程的探究中让学生不断感受化学学科的实验魅力，从而不断提升学生的科学素养。

参考文献：

[1] 王磊. 化学比较教育 [M]. 南宁：广西教育出版社，
2006：293.

（备注：本文发表于《化学教与学》2012年10期，该文还获得了第二届全国教育技术装备与实验教学优秀论文评比三等奖）

第六节　高中化学演示实验教学中
师生角色互换

　　以实验为基础是化学教学的基本特征。传统意义的化学演示实验教学往往是由教师演示，学生观察、思考，从而认识物质的性质及其变化规律，它具有较强的直观性和示范性，在化学教学中的重要作用是毋庸置疑的。但在实际教学实践中，这种教学方式经常会出现"教师忙演示，学生看热闹"的现象，学生的实验能动性没有得到充分发挥。笔者认为有必要对此教学方式加以改进，可采取师生角色互换的方式进行化学演示实验教学，以进一步调动学生参与演示实验的积极性和主动性。在角色互换时，针对不同的演示实验类型，教师应采取不同的方式来促进学生互动，以发挥实验的最大成效。现结合笔者的化学演示实验教学实践，浅谈几点师生角色互换的做法与体会。

一、验证性演示实验的角色互换——教师创设情境，学生演示验证

高中化学实验多数属于验证性实验，在演示实验教学中，如果教师采取先直接告知学生结论再进行实验演示验证，那么学生只是作为观众欣赏教师的"独角戏"表演，被动地接受知识，学生的印象就不会深刻，甚至还会对实验现象产生怀疑。而由教师先创设适宜的问题情境，激发学生的思维，然后由学生来完成演示实验，这样其他学生的关注度和参与度就会提升，对实验结果也会更加信服。

例如在"验证Fe^{3+}的氧化性"的演示实验教学中，教师可创设"验证$FeCl_3$溶液中Fe^{3+}的氧化性，能否选择铁粉、铜丝作为还原剂"的问题情境，多数学生选择"Fe可以而Cu不能"，因为他们认为Cu不如Fe活泼，不会与Fe^{3+}反应。这时教师可请两位同学分别演示验证，结果发现Fe、Cu均能使棕黄色的Fe^{3+}溶液颜色发生变化，说明都发生了化学反应。紧接着，教师引导学生分析：Fe^{2+}不能与Cu反应，是因为Fe^{2+}氧化性不强，但Fe^{3+}氧化性强，可以将Cu氧化成Cu^{2+}。这样便使学生对Fe^{3+}的氧化性认识更加到位。再比如在"两性氢氧化物Al（OH）$_3$"的教学中，教师可创设以下情境："中央电视台有个《是真的吗》电视节目，我们现在也来猜一猜，氢氧化铝不仅能与盐酸发生反应，还能和强碱氢氧化钠溶液发生反应，这是真的吗？"。学生一看能仿玩电视节目，兴致一下高涨起来。大部分学生认为"氢氧化铝与盐酸反应是真的，而氢氧化物和氢氧化物

发生反应是不可思议的，这是假的。"这时教师可请一位学生演示 $Al(OH)_3$ 分别与盐酸、NaOH溶液反应的实验。当学生分别将盐酸、NaOH溶液分别滴入 $Al(OH)_3$ 悬浊液中时，均看到 $Al(OH)_3$ 溶解、溶液变澄清的过程，这自然就否定了假的猜想。同时，学生对 $Al(OH)_3$ 不同于 $Mg(OH)_2$，能与NaOH反应的这一事实产生了强烈的好奇心。当教师解释了 $Al(OH)_3$ 与NaOH反应生成 $Na[Al(OH)_4]$ 时，学生对该反应的化学方程式和 $Al(OH)_3$ 具有两性的印象就特别深刻。

二、探索性演示实验的角色互换——教师搭建平台，学生踊跃探究

探索性实验对有效激发学生的想象力和创造力，进一步提升学生的化学思维品质有着积极的作用。在演示实验教学中教师要善于搭建平台，可通过适当拓展教材中的一些演示实验来进一步激发学生的思维，让学生更加深入地进行实验探究。

例如氨气的喷泉演示实验。这个实验能引起学生很大的兴趣，如果演示实验教学中教师能搭建好平台，对学生深刻理解喷泉实验的基本原理将十分有利。在这个演示实验教学中，笔者按图5-6-1装置完成喷泉实验的演示后进行了以下的实验拓展：把课前准备好的没有滴管的氨气的喷泉装置（见图5-6-2）呈现在讲台上，问："哪个同学能想出好办法来引发该装置，让其产生美丽的喷泉？"

问题一抛出，学生就变得非常踊跃，都想着能第一个上讲台一

展风采。学生开动脑筋展开了激烈的讨论，有的说："在矿泉水瓶盖上打一个大小刚好的孔，然后将导管插入矿泉水瓶，打开夹子，挤压水瓶让水进入即可产生喷泉。"还有的说："打开夹子，用一医用注射器针头插入橡胶塞挤入水也可产生喷泉。"这时，教师说："同学们刚才的想法都很好，但能否就利用图Ⅱ的现有装置，用最简单的办法来实现？"过了一会儿，有位同学自告奋勇地说："老师，我有办法，让我上讲台试一下。"只见他打开夹子，用力搓着手，然后将搓热的手捂住烧瓶外壁，一段时间后松开手，果然产生了美丽的红色喷泉，这时全班响起了热烈的掌声。当该同学带着满脸的自豪解释其中的奥妙后，又有一位同学似乎受到了启发，激动地大声说："老师，用冷毛巾将烧瓶外壁冷却一段时间再打开夹子，也可以产生喷泉。"

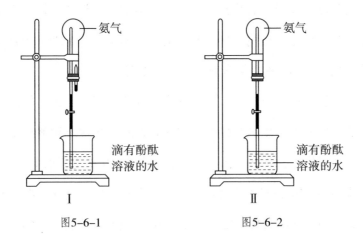

图5-6-1　　　　　　　　图5-6-2

在这堂课中，通过演示实验的拓展，使学生成为演示实验的主体，学生的创造性得到充分发挥，实现了预期的良好效果。

三、定量演示实验的角色互换——学生演示操作，教师评点示范

高中化学实验虽然绝大多数是定性实验，而为数不多的定量实验对学生良好实验习惯的培养和实验能力的提高，有着不可替代的作用。大部分学生开始接触化学实验通常是对新奇的实验现象感兴趣，而仅凭兴趣却没有明确目的的实验，学生往往操作随意、不规范、不严谨。面对学生这一实际，教师就要选定一些容易造成实验误差的定量实验来进行角色互换演示。

例如，在"一定物质的量浓度溶液的配制"演示实验教学中，笔者在教学实践中先让学生做好课前预习，了解配制溶液的步骤，并思考"移液过程怎样保证溶液不外溅？洗涤液为何要一并移入容量瓶中？定容时俯视、仰视刻度线会引起怎样的误差？"等一系列问题。演示实验时师生角色互换，教师按照实验步骤请不同的学生演示称量、溶解、移液、洗涤、定容、摇匀等操作，要求其他学生认真观察其操作过程，能指出其操作不规范之处，并分析由此可能带来的实验误差。由于课前学生做了有针对性的充分准备，对每个操作环节有深入的思考，因此演示操作学生的实验态度特别认真，其他学生的情绪也很高涨。学生观察时目不转睛，生怕错过演示过程中的某一个不规范操作。看到操作不准确时，有的学生着急地握着拳头直跺脚，恨不得冲上讲台替同学操作；有的学生直接指出操作错误之处，课堂气氛非常热烈。一位学生在定容时不小心加水

超过了刻度线，只见他将胶头滴管伸入容量瓶吸取出了部分溶液。这时，有几位观察细致的学生便大喊："老师，他错了，不能吸出来，这样配制的溶液浓度会偏小。"教师问："那该怎么办？"其中一位学生垂头丧气地说："一切重来呗。"这时教师肯定地说："对，实验来不得半点马虎，一定要严谨。现在我操作示范给大家看，大家下次进行学生分组实验时一定要注意。"

通过展示整个实验操作流程，学生不仅学会了实验误差分析的方法，而且感悟到实验操作规范、严谨的重要性，这对学生养成良好的实验行为习惯十分有利。若本实验直接由学生分组进行探究活动，将可能会有多数学生操作不规范，而教师又无法及时一一加以纠正的情况，就会使得本实验的教学成效大打折扣。

四、角色互换演示实验教学中教师应注意的几个问题

角色互换演示实验教学，一方面激励了学生实验的能动性，另一方面也对教师提出了更高的要求。而教师如何才能成为更好的实验组织者和引导者呢？笔者认为教师务必注意以下几个问题。

1. 课前精心备课，充分挖掘资源

以鲁科版高中化学必修1、必修2为例，实验涵盖了大多数章节，除了少数因实验安全性和操作难度较大的演示实验不适宜采用角色互换方式外，大多数演示实验过程均可采取师生角色互换的方式进行。因此教师课前要根据实验教学的渐进性与科学性，备好化学演示实验课，尽可能地多去挖掘实验教学资源，做好演示实验的

选择、设计、拓展和实验相关问题情境的创设。教师还要多预想实验过程中可能发生的情况，多问、多备几个"假如"。与此同时，学生课前预习领会相关演示实验这一潜力资源的调动也不能忽视。

2. 课堂机智应对，善于组织调控

教学环境不同，学生的个体差异大，不同的课就会有不同的生成，因此，教师要学会相机行事。师生角色互换，学生成为演示操作过程的主角，教师应给学生足够的信任，而教师转换为学生角色，不应是一种简单的替换，教师应立足于学生角度却又要高于学生，毕竟课堂的组织、驾驭和调控主要还是要靠教师来完成。这时教师既要善于发现、捕捉对教学有益的点滴信息，又要能借题发挥，适时设疑，不断营造良好的思考氛围。面对学生演示实验出现的"意外"，教师还要能运用自身的教学机智自如应对，不失时机地去生成别样的精彩。同时，为了让学生得到更多的角色互换机会，一节课中的不同实验要让不同的学生参与演示，不同的实验课也要让学生轮换上台演示。这样学生知道自己随时有可能被"点将"，他们为了能更好地展示自己，就会在课前充分准备，以便主动应对。

3. 课后及时反思，认真总结得失

课后教师及时回顾课堂师生角色互换演示实验教学的全过程与成效，这是规范教学不可缺少的一环。教师可以通过了解演示操作学生的感受、回放课堂点滴等措施，对实验教学展现的成功、疏漏失误、学生的独特见解与教师的突发灵感，以及意外的生成与化解等进行反思和总结，进一步充实、完善所授课程的内容，实现教学的二次设计，以提升教学的整体效果。

随着高中化学新课程教学的深入，学生分组实验探究被不断强化，课堂演示实验教学却被相对弱化。笔者认为这二者应相辅相成，发挥各自的优势，不能厚此薄彼，否则将不利于教学多层面相长。面对高中课程内容多、课时紧的状况，过多采用学生分组实验探究的方式势必带来新的矛盾，如何更高效地培养学生观察、参与化学演示实验和分组探究实验的操作能力就成为一个重要的课题。本文采用角色互换的演示实验教学，不仅能克服传统教师演示实验的弊端，进一步增加学生动手实验的机会，还能有效节省课时，发挥学生在演示实验中的主体作用，这未尝不是一种值得进一步共同探求的有益的教学方式。

参考文献：

［1］梁慧姝，郑长龙. 化学实验论［M］. 南宁：广西教育出版社，1996：180-196.

（备注：本文发表于《中学化学教学参考》2014年6期，该文还获2014年福建省中小学实验教学优秀论文一等奖）

第六章

问题解决教学的实践案例

第一节 "碳的多样性"问题解决教学

在高中化学学本课堂中实施问题导学，通过教师创设问题、学生生成问题、师生共同解决问题，可逐步培养和提升学生的"接受、吸收、整合化学信息能力，分析问题和解决化学问题能力以及化学实验与探究能力"，促进学生形成学科核心素养。现以鲁科版必修1第三章第一节"碳的多样性"第二课时为例，谈谈高中化学问题导学型学本课堂教学的具体实施过程。

1. 课前问题可"定向"，引导学生结构化预习，初步自主建构知识

学生课前预习要有明确的任务和方向性，不仅仅是粗读课本。这就要求教师课前问题的创设要有指向性，要为课中问题解决服务，通过引领学生结构化预习，让学生学会接受、吸收、整合化学信息。以本课时为例，教师在课前可以提出以下两个问题让学生完成预习。

问题1：你所知道的含碳化合物有哪些？请在网上收集相关图片并将其分类后上传班级QQ群。

问题2：苏打与小苏打是生活中常见的物质，你了解它们吗？请列表比较它们的物理性质、化学性质及主要用途。

第一个问题学生可通过查阅资料了解含碳化合物的多样性，培养了学生收集获取信息的能力，激发了学生学习本节内容的兴趣。第二个问题学生可通过结构化预习，比较碳酸钠与碳酸氢钠的性质，为课堂自主合作探究解决一系列问题做好基础知识储备。学生在预习过程中，通过对知识的整理比较，初步建构了知识框架，并带着生成的问题步入课堂，心理处于愤悱状态，有利于课中解决问题。

2. 课中问题应"聚焦"，促使学生深度学习，发展问题解决能力

学生课前的学习毕竟是浅层学习，对重点、难点知识的理解往往不够深入。如何在课中创设问题链引发学生深度学习，让学生掌握重点、突破难点并形成分析问题、解决问题的能力，就显得特别重要。课中问题的设计通常可聚焦核心知识，设计三四个有层次、有思维容量的问题并形成问题链。

为了让学生能展示课前预习的成果，教师可利用课前几分钟让学生分享自己预习的收获，同时要善于捕捉学生的疑惑，现场生成问题。例如本节课中教师可先通过幻灯片展示部分学生收集的含碳化合物的图片，通过实物投影仪展示学生列表比较苏打和小苏打性质、用途的预习成果（此时教师可暂不做详细评价，让学生思考需要从哪些方面加以完善）。而后通过在课堂不同阶段适时提出教师精心设计的问题链，不断引发学生思考，激发学生思维潜能，调动学生的学习能动性，从而达成学习目标。

环节一：为检查学生课前的预习效果，进一步帮助学生建构知识，教师可创设以下两个问题情境让学生解决。

问题1：小苏打是焙制糕点所用发酵粉的主要成分之一，由此焙制出的糕点疏松可口，请问其中利用了$NaHCO_3$的什么性质。

问题2：现有一瓶标签模糊无法判断是Na_2CO_3还是$NaHCO_3$的白色固体，请结合课前预习，说说可以采用哪些方法加以鉴别。

第一个问题以生活为情境，可有效激发学生的学习兴趣。第二个问题与学生课前预习知识相关，处于学生的最近发展区。经过独立思考、小组讨论，学生基本能回答到位。例如，针对问题2，部分学生只从二者的热稳定性不同、与氢氧化钠溶液反应现象的不同来提出解决方案，认为不能用盐酸来鉴别，因为二者都能与盐酸反应生成CO_2气体。可有部分学生认为可用盐酸来鉴别Na_2CO_3和$NaHCO_3$，双方争执不下。这时教师可引导学生用化学实验来验证猜想。

环节二：学生分组实验，分别取少量Na_2CO_3固体和$NaHCO_3$固体于试管中，往其中逐滴加入相同浓度的盐酸。学生通过仔细观察实验现象，发现二者反应的快慢不同，因此得出可以用盐酸来鉴别二者的结论。此时教师可借机提出问题链中的第三个问题。

问题3：Na_2CO_3、$NaHCO_3$与盐酸反应都能生成CO_2，为什么Na_2CO_3与盐酸的反应却比较缓慢？其反应的原理是什么？请设计一个实验加以说明。

学生在回答这个问题时均出现了一定的困难。望着学生一双双有些茫然而又充满求知欲的眼睛，教师可在演示台上展示如图6-1-1和图6-1-2所示的两套实验装置，在对两个实验方案进行简单介绍后开始实验演示。

教师先打开磁力搅拌器，再同时打开两个分液漏斗的活塞，滴入约20 mL盐酸时关闭活塞，让学生观察并描述两个实验现象的不同。图6-1-1中可观察到溶液由红色变为浅红色，气球未变大；图6-1-2中可观察到产生大量气泡，溶液由浅红色变为无色，气球逐渐变大。

教师再次打开分液漏斗活塞，滴入剩余约20 mL盐酸，图6-1-1中可观察到溶液由浅红色变成无色，反应产生气泡，气球逐渐变大；图6-1-2中溶液仍为无色，气球未再增大。

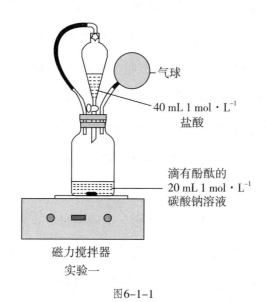

气球

40 mL 1 mol·L^{-1}
盐酸

滴有酚酞的
20 mL 1 mol·L^{-1}
碳酸钠溶液

磁力搅拌器
实验一

图6-1-1

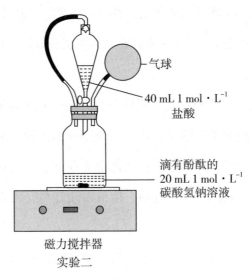

图6-1-2

实验演示完成后，教师可以进一步提出两个小问题让学生思考。

思考1：实验A中逐滴加入盐酸至20 mL时，为何气球没有变大，溶液却由红色变为浅红色？其中发生了什么样的化学反应？

思考2：为何实验一中加盐酸超过20 mL后，便出现了与实验二初始相同的现象？这说明了什么？

学生认真比对两个实验不同阶段的实验现象，在深入思考后争相发言。碳酸钠与盐酸反应原理这个难点，便在生生互动和师生互动中得到了有效突破。

在本环节中，通过教师精心创设的问题情境和实验探究，学生不仅深刻理解碳酸钠溶液与盐酸分步反应的过程，还领悟到化学实验探究精神，以及化学反应中量变到质变的辩证思想。

环节三：教师让学生继续广开思路，提问是否还有别的鉴别方法，这时有学生提出可以将$CaCl_2$溶液分别滴入$NaHCO_3$溶液与Na_2CO_3溶液中，有白色沉淀生成的是Na_2CO_3溶液，无明显现象的是$NaHCO_3$溶液。这时，教师既要充分肯定表扬该学生，又要强调该方法只适用于很稀的溶液。接着，教师可让学生思考第四个问题。

问题4：$NaHCO_3$溶液能与NaOH等碱性溶液反应，而Na_2CO_3溶液不能，能否用$Ca(OH)_2$溶液来鉴别二者？为什么？请结合离子方程式来说明。

学生能理解Na_2CO_3与$Ca(OH)_2$反应生成$CaCO_3$，可对$NaHCO_3$与$Ca(OH)_2$反应也生成白色沉淀$CaCO_3$的反应原理往往感到疑惑。这主要是学生没有真正理解$NaHCO_3$与NaOH反应的实质造成的，如学生经常将离子方程式错误地写成"$HCO_3^- + OH^- = CO_2\uparrow + H_2O$"。这时教师应当通过电荷守恒思想来引导学生，$HCO_3^-$与$OH^-$反应生成的是$CO_3^{2-}$而不是$CO_2$，这样生成的$CO_3^{2-}$与溶液中的$Ca^{2+}$可进一步形成$CaCO_3$，使问题迎刃而解。而且后续让学生从量的角度来分析$NaHCO_3$与$Ba(OH)_2$的反应，离子反应方程式的书写有两种情况才成为可能。

环节四：通过前三个环节四个层层递进的问题，学生在问题解决中既建构了知识，又发展了能力。这时学生需要整理思绪，教师可让学生反思总结$NaHCO_3$与Na_2CO_3的鉴别方法，并对课前预习所列的$NaHCO_3$与Na_2CO_3性质比较表进行修正优化，然后师生共同对其进行评价。

3. 课后问题重"发散"，帮助学生自觉反思，培养提出问题的能力

课后的问题设计要较课中问题有所提升，要打破学生的思维局限，让学生应用课堂所学的原理知识，从不同角度来解决新的问题，发展学生的发散思维。

例如，本节课后教师可以布置以下两个问题让学生课后思考。

问题1：已知有两瓶未贴标签的溶液分别是盐酸和Na_2CO_3溶液，现只用试管和胶头滴管，不用其他任何试剂，能否鉴别出这两种溶液？请写出鉴别的实验方案。

问题2：往$NaHCO_3$溶液中滴入少量的$Ba(OH)_2$溶液或过量的$Ba(OH)_2$溶液，其反应的离子方程式是否相同？试比较之，并加以分析说明。

以上两个问题就是换个视角来考查学生对碳酸钠与盐酸反应、碳酸氢钠与碱反应这两个主要知识的应用，并从定性分析上升到定量分析，帮助学生形成重要的化学观念。

另外，教师除了布置课后问题让学生思考，还应布置适当的习题作业来帮助学生巩固知识。教师应及时收集学生在完成作业中所遇到的问题，以及学生课后反思所生成的问题，以便设计出新问题在下一节课堂中进一步解决。

当前，化学教学中导学案的使用很普遍，可多数导学案编制知识化和习题化倾向明显，其功能主要停留在学生对知识的认知层面，并不能引发学生深层的思维。因此高中化学学本课堂问题导学案的问题设计，应遵循目标性原则、最近发展区原则、层次性原则、开放性原则和情境性原则，要有利于学生形成学科核心素养，立足于学科核心知识，多从化学方法和化学观念视角来设计问题，将问题置于与生产、生活相关的情境中，让学生在真实的化学情境中学会思考、学会学习，感悟学习化学的价值。

知识的理解、内化以及思维能力的形成，学生必须亲身经历参与才能完成，这是教师和他人无法替代的。即使教师讲解得十分精彩到位，那只是体现了教师的能力水平，教师并不能将这种素质直接传递给学生。因此，让学生主动地投入学习过程，能动地进行信息加工并获得亲身的感受和体验，是实现学本课堂的重要保证。具体来说，课堂要充分重视学生的"学、思、说、评"，引导学生自主学习、合作学习、深度学习，留给学生充分思考的时间与空间，多让学生表达，师生共同分享解决问题的视角、思路和方法，在互评中不断纠偏，使教学趋于完善。

参考文献

［1］韩立福．学本课堂：走向"学习的世界"［J］．中国教师，2016（5）：52–57．

［2］伍强，方瑞光．碳酸钠和碳酸氢钠与稀盐酸反应实验的创新设计［J］．化学教学，2016（8）：63–64．

［3］陈佑清．建构学习中心课堂：我国中小学课堂教学转型的取向探析［J］．教育研究，2014（3）：96–105．

第二节　高三化学工艺流程题专题复习问题解决教学

　　化学工艺流程题是高考重要的题型之一，其试题情境陌生，涉及的元素化合物通常是中学课本中未曾出现的，而且工艺流程图较复杂，需要学生具备较强的接受、吸收、整合化学信息的能力，同时还要善于分析解决问题。

一、化学工艺流程题常涉及的知识点

　　（1）化学方程式或离子方程式的书写。

　　（2）化学反应速率和化学平衡理论的应用。

　　（3）氧化还原反应、沉淀平衡的应用。

　　（4）化学实验基本操作，如过滤、除杂、分离、提纯、检验等。

　　（5）化学反应中的能量变化。

　　（6）环境保护与绿色化学。

二、化学工艺流程题的考查方式

1. 矿石溶解

酸溶或碱溶。可考查化学方程式或离子方程式。

提高浸出速率（增大酸或碱的浓度、将矿石粉碎、搅拌、升高温度）。可考查化学反应速率、化学平衡、化学实验基本操作。

2. 除杂

物理除杂：过滤。可考查化学实验基本操作。

化学除杂：添加化学物质。可考查氧化还原反应、沉淀平衡等。

3. 获得产品

在溶液里：蒸发浓缩、冷却结晶、过滤、洗涤。可考查化学实验基本操作。

在固体里：灼烧、煅烧、焙烧、电解。可考查化学实验基本操作、电解原理等。

三、例谈如何通过问题导学来组织教学

现以化学工艺流程题解题策略微专题复习为例，谈谈如何通过问题导学来组织教学。问题设计是问题导学的关键，在本专题复习中教师可设置如下问题。

课前问题：化学工艺流程题通常涉及的知识点有哪些？流程图中的流程具体包括哪些环节？

课中问题1：工艺流程中矿石的溶解常可以是酸溶或碱溶，如何

提高浸出速率?

课中问题2：工艺流程中除杂包括物理除杂和化学除杂，如何依据工艺流程图来推断浸渣成分或粗产品中可能含的杂质?

课中问题3：工艺流程中最后从滤液到产品，一般要经过哪些实验基本操作?

课中问题4：如何依据工艺流程图的逻辑关系，准确书写相关的陌生反应的化学方程式?

课后问题：根据自己的学习体会，试着总结化学工艺流程题解题策略是什么。

这些问题旨在引导学生自主学习，通过分析整理、反思总结，学生既可以明确化学工艺流程题的常考点，又可建立起相应的思维模型，形成解决问题的一般方法，而不是仅仅就题论题。当然，课堂中要借助一些试题情境，一般可以选择近几年各省高考化学工艺流程题，工艺流程图要从简单到复杂，以兼顾不同层次学生的需要，让学生在具体问题的解决中思考与领悟，进而加以抽象概括。

例如可以选择2015年全国I卷27题为情境之一。硼及其化合物在工业上有许多用途。以铁硼矿（主要成分为$Mg_2B_2O_5 \cdot H_2O$和Fe_3O_4，还有少量Fe_2O_3、FeO、CaO、Al_2O_3和SiO_2等）为原料制备硼酸（H_3BO_3）的工艺流程如图6-2-1所示。

图6-2-1

　　课堂中教师应留给学生充分思考的时间和表达交流的空间，让学生共同分享解决浸渣成分、净化除杂方法、粗硼酸所含杂质等问题的观念、思路和方法。在知识建构和思维能力培养过程中，教师只能在学生遇到困难时给予适当的点拨引导，而不是包办正确答案的讲解。因为教师并不能将自身能力素养直接传递给学生，知识的理解、内化以及思维能力的形成，学生必须亲身经历参与才能完成。最后教师可以帮助学生总结化学工艺流程题的解题策略：简单浏览题干，明确生产目的，针对问题获取题干有效信息，比对流程框图进出物质差异，理清反应原理，规范解答问题。

　　另外，教师还应当注意，不要因为化学工艺流程题经常要求学生书写陌生物质发生反应的化学方程式，就随意扩展元素化合物知识的复习范围，徒增学生的学习负担与精神压力。教师还是要将重心放在学生能力的培养上，只要学生具备了相应的能力，就能轻易解决相关问题。例如2017年全国I卷化学工艺流程题，题中已给出钛铁矿（主要成分为$FeTiO_3$）经盐酸浸后，钛主要以$TiOCl_4^{2-}$形式存在等信息，学生通过分析元素化合价未发生变化便可得到另一产物为Fe^{2+}，再依据守恒思想便可写出离子方程式$FeTiO_3+4H^++4Cl^-=Fe^{2+}+TiOCl_4^{2-}+2H_2O$。再有，题目要求写出$FePO_4$、$Li_2CO_3$和草酸高温煅烧制备$LiFePO_4$的化学方程式。根据氧化还原反应原理分析Fe元素的化合价降低了，则草酸（$H_2C_2O_4$）中C元素的化合价应当由+3价升为+4价，便可推断另一产物为CO_2，再按照氧化还原反应化合价升降配平法，学生不难写出正确的化学方程式。

第三节　"化学能转化为电能
——原电池"复习课教学设计

一、教材分析

　　原电池知识位于高考必考模块化学必修2和选修4（化学反应原理）中，是电化学知识的基础。而电化学知识又是近年高考的热点，因此本讲内容具有重要地位。原电池知识内容抽象难理解，复习编排紧随电解知识之后，易与电解知识相混淆，电极反应式的书写更是重点和难点。同时，高考中原电池知识的考查主要注重学生对基本原理的理解和应用，要求学生具备一定的迁移应用能力。

二、学情分析

　　学生虽然在必修2和选修4中均已学习了原电池的相关知识，但由于这部分知识内容抽象，学生未能深入理解，对概念的理解模糊，电解与原电池知识常发生混淆，尤其是电极反应式的书写不得法，学生单靠死记硬背，错误率很高，学生普遍存在对电化学知识有畏难心理的情形。

三、教学目标

1. 知识与能力

（1）理解原电池的工作原理，能写出电极反应和电池反应方程式。

（2）了解常见化学电源的种类及其工作原理。

（3）了解金属的电化学腐蚀。

2. 过程与方法

（1）通过问题变式训练，使学生掌握电极反应式的书写方法，归纳总结书写规律。

（2）通过解题思路分析，培养学生分析问题和解决问题的能力，以及对知识的迁移应用能力。

3. 情感态度与价值观

（1）联系高考增强学生学习的内驱力，剖析高考试题，增强学生信心。

（2）通过问题情境的创设与解决，培养学生勤于思考、善于反思总结的学习习惯。

四、教学重点

（1）原电池工作原理。

（2）电极反应式的书写。

五、教学难点

燃料电池电极反应式的书写。

六、教学方法

问题解决教学法、比较归纳法、多媒体辅助教学法。

七、教学过程

（一）课前问题导学

教师根据原电池的知识要点、考点和难点，精心设计问题导学案，并于课前发放给学生，让学生自主学习。

学生根据问题导学案，逐一思考列出的问题，自主复习，初步完成知识建构。

设计意图：在问题导学案的指导下，学生的自主学习思考更具有方向感，复习更高效。

（二）创设情境引入课题

幻灯片展示本讲高考主要考查点。

师：电化学知识是近年高考的热点，每年至少出一道选择题，高考分值占6分至9分。随着国家对新能源产业的进一步扶持，新的化学电源不断推出，利用原电池的工作原理来考查电化学知识仍将是高考的热点。这类试题创设的问题情境虽然新，但考查点还是落在原电池的工作原理，电极判断，阴阳离子、电子（电流）流向判断，电极反应书写、分析及正误判断等基础知识上。本节课我们就来复习原电池的基础知识及其应用。

生：观看幻灯片展示的内容，听教师的分析引导。

设计意图：通过对本讲高考主要考查点的分析，让学生重视基础知识，明确复习的方向和目标。

（三）类比分析

问题1：如何判断一个装置是原电池还是电解池？原电池和电解池的构成条件有何异同点？

师：对学生的回答进行引导。

师追问：铅蓄电池的工作原理为$Pb+PbO_2+2H_2SO_4=2PbSO_4+2H_2O$，请同学们研读图6-3-1，K刚闭合时，Ⅰ池和Ⅱ池哪个作为原电池？

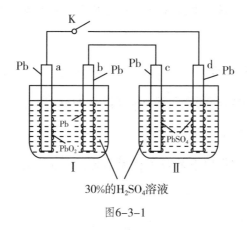

图6-3-1

板书：列表比较（幻灯片展示）。

原电池的构成条件如下：

1. 能自发进行的氧化还原反应。

2. 活性不同的两个电极（金属或其他导电材料）。

3.电解质溶液（或熔融电解质）。

4.形成闭合回路。

电解池的构成条件：

1.直流电源。

2.两个电极（活性可相同）。

3.电解质溶液（或熔融电解质）。

4.形成闭合回路。

师：分析二者构成条件的异同点，强调原电池的两个电极活性需不同，由于化学能转化为电能，过程要有电子的转移，因而要有能自发进行的氧化还原反应。

设计意图：通过类比分析，学生对原电池和电解池的构成条件更加明晰。

（四）分析应用

问题2：原电池的正负极如何判断？Mg比Al活泼，Mg是否只作原电池的负极？（一学生回答）

师追问：根据以下装置示意图，闭合K_1或K_2时，哪个电极作为原电池的负极？（学生思考、分析）

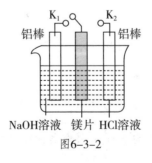

NaOH溶液　镁片　HCl溶液

图6-3-2

师：判断原电池的正负极不能只根据金属的活泼性，关键看发生氧化还原反应时，哪个电极化合价升高失去电子，则该电极为负极。

练习：根据反应$Cu+2FeCl_3=CuCl_2+2FeCl_2$设计一个原电池。Cu作负极，石墨（或铂）作正极，$FeCl_3$作电解质溶液。

生问：能否用Fe作正极？

师：Fe比Cu还原性强，优先与$FeCl_3$反应，不符合题意。

设计意图： 抓住学生判断原电池的正、负极时通常只根据金属的活泼性这一特点，设计问题帮助学生辨析，进而让学生形成正确的判断方法。

（五）夯实基础

板书：

二、原电池的工作原理

问题3： 根据如图所示装置，试分析铜锌原电池的工作原理，以及装置中电子的流向。电解液和盐桥中的阴阳离子分别如何迁移？

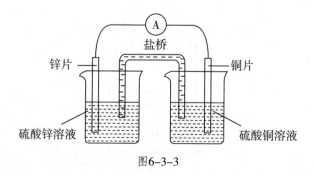

图6-3-3

学生思考后教师请一名学生讲述，其余学生倾听后加以纠偏。

师：根据学生的讲述，教师在液晶屏幕上进行相关标注，并适时提出相关问题与学生对话。

师问：通过工作原理的分析，根据装置判断下列说法哪些是错误的。

A.电子从锌电极通过电流计流向铜电极

B.盐桥中的阴离子向硫酸铜溶液中迁移

C.锌电极发生还原反应，铜电极发生氧化反应

D.铜电极上发生的电极反应是$2H^+ + 2e^- = H_2\uparrow$

学生应用原电池的基本原理解决相关问题。

设计意图：让学生对原电池的工作原理进行描述，既可锻炼学生的语言组织、口头表达能力，又可从中发现学生尚未解决的问题，加以针对性地纠偏。

（六）问题解决

（2011年广东理综）某小组为研究电化学原理，设计如图6-3-4装置，下列叙述不正确的是（　　）。

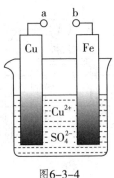

图6-3-4

A. a和b不连接时，铁片上会有金属铜析出

B. a和b用导线连接时，铜片上发生的反应为$Cu^{2+}+2e^-=Cu$

C. 无论a和b是否连接，铁片均会溶解，溶液均从蓝色逐渐变成浅绿色

D. a和b分别连接直流电源正、负极，电压足够大时，Cu^{2+}向铜电极移动

学生思考后齐答。

设计意图：本问题的选取同时涉及金属置换反应、原电池、电解池相关知识，利于学生理解和掌握基础知识。

（七）难点突破

师：根据原电池的工作原理可制成一次电池、二次电池和燃料电池，本节课重点复习燃料电池。幻灯片PPT展示如下。

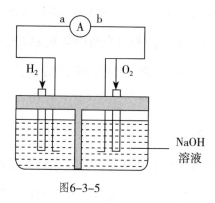

图6-3-5

科学家预言，燃料电池将是21世纪获得电能的重要途径。氢氧燃料电池是符合绿色化学理念的新型发电装置。如图6-3-5为电池示意图，该电池电极表面镀一层细小的铂粉，铂吸附气体的能力强，

性质稳定。该电池工作时，H_2和O_2连续由外部供给，电池可连续不断提供电能。

师：简单介绍燃料电池的工作原理。

问题4：氢氧燃料电池在电解质溶液为NaOH溶液时，其正极、负极的电极反应式分别如何书写？试总结燃料电池电极反应式的书写规律。

学生听完教师介绍燃料电池的工作原理后，书写电极反应式。

师：待学生书写完电极反应式后，教师在液晶屏幕上边书写边讲解书写方法及注意事项。

问题变式练习如下。

（1）若把上述电池中的电解质溶液NaOH溶液改为稀H_2SO_4，电极反应式如何书写？

（2）若把燃料氢气改为甲烷，被氧化后的C元素在碱性或酸性介质中的存在形式分别是什么？碱性介质中电极反应式如何书写？

学生进行课堂变式练习，书写电极反应式，让两个学生在黑板上书写。

设计意图：电极反应式的书写是教学的重点和难点，以燃料电池为例，选择不同的燃料和电解质溶液，通过变式练习让学生领会书写电极反应式的方法与规律，采取"练习感知—规律总结—练习巩固—迁移应用"的方式，让学生真正掌握知识点，并提高书写的准确率。

师：待学生书写完电极反应式后，教师在黑板上点评并总结电极反应式的书写规律。

（八）规律总结

板书：（幻灯片展示）

三、电极反应式的书写规律如下：

三据三定：据元素化合价变化定得失电子数目，据反应介质定物质变化后的存在形式，据电荷守恒和原子守恒定反应系数。

学生体会领悟书写规律。

师：对书写规律"三据三定"进行解析，向学生强调要特别注意介质问题，如据甲烷中碳元素的化合价从-4升为$+4$，定失去$8e^-$；据碱性介质定产物为CO_3^{2-}；据电荷守恒定OH^-前系数为10，据原子守恒定H_2O前系数为7，因此碱性介质甲烷燃料电池的负极电极反应式为$CH_4+10OH^--8e^-=CO_3^{2-}+7H_2O$。

学生共同参与，对书写出现的问题进行评析，进一步领悟规律。

问题解决：请应用电极反应式的书写规律来书写以下燃料电池的电极反应式，以下是市场上常见的电池示意图。

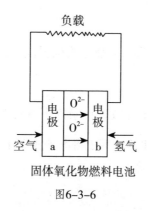

固体氧化物燃料电池

图6-3-6

学生应用书写规律，在课堂上练习书写熔融介质燃料电池的电极反应式。

师：用实物展示仪展示学生的书写情况，并进行点评，强调介质熔融状态与水溶液的不同以及书写要注意的事项。

迁移应用：高铁电池是一种新型可充电电池，与普通电池相比，该电池能在较长时间内保持稳定的放电电压。高铁电池的总反应如下：

$$3Zn+2K_2FeO_4+8H_2O \underset{充电}{\overset{放电}{\rightleftharpoons}} 3Zn（OH）_2+2Fe（OH）_3+4KOH$$

请分别写出放电时负极电极反应式和充电时阳极电极反应式。

学生应用书写规律，和教师共同完成书写充电电池电极反应式的课堂练习。

师：在液晶屏幕上和学生共同完成电极反应式的书写，边写边讲解。

设计意图：在学生书写完不同燃料电池电极反应式后，选取充电电池让学生写其电极反应式，培养学生的迁移应用能力。

（九）知识辨析

问题5：吸氧腐蚀和析氢腐蚀有何异同点？请分别写出其正极的电极反应式。

师：吸氧腐蚀是中性或碱性条件下溶解在电解液中的氧气得到电子，析氢腐蚀是酸性条件下H^+得电子放出H_2。

板书：

四、电化学腐蚀

1. 吸氧腐蚀

2. 析氢腐蚀

问题解决：在图6-3-7装置中，U形管内为红墨水，a、b试管内分别盛有食盐水和氯化铵溶液，各加入生铁块，放置一段时间，下列有关描述错误的是（　　　）。

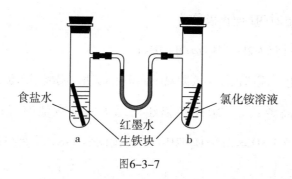

图6-3-7

A. 生铁块中的碳是原电池的正极

B. 红墨水柱两边的液面变为左低右高

C. 两试管中相同的电极反应式是$Fe-2e^-=Fe^{2+}$

D. a试管中发生了吸氧腐蚀，b试管中发生了析氢腐蚀

学生思考分析、判断。

师：氯化铵溶液水解显酸性，b试管发生析氢腐蚀；食盐水显中性，a试管发生吸氧腐蚀。

设计意图：通过让学生比较吸氧腐蚀和析氢腐蚀的不同，加深对知识的理解与应用。

（十）体验高考

体验高考1：（2011年福建理综）研究人员研制出一种锂水电池，可作为鱼雷和潜艇的储备电源。该电池以金属锂和钢板为电极材料，以LiOH为电解质，使用时加入水即可放电。关于该电池的下列说法不正确的是（　　）。

A. 水既是氧化剂又是溶剂

B. 放电时正极上有氢气生成

C. 放电时OH⁻向正极移动

D. 总反应为$2Li+2H_2O=2LiOH+H_2\uparrow$

师：电子流向正极，故阳离子向正极移动，阴离子向负极移动。

体验高考2：（2010年福建理综）铅蓄电池的工作原理为$Pb+PbO_2+2H_2SO_4=2PbSO_4+2H_2O$，研读图6-3-8，下列判断不正确的是（　　）。

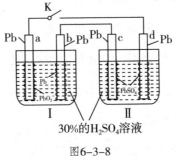

图6-3-8

A. K闭合时，d极的电极反应式：$PbSO_4+2H_2O-2e^-=PbO_2+4H^++SO_4^{2-}$

B. 当电路中转移0.2 mol电子时，Ⅰ中消耗的H_2SO_4为0.2 mol

C. K闭合时，Ⅱ中SO_4^{2-}向c电极迁移

D. K闭合一段时间后，Ⅱ可单独作为原电池，d电极为正极

师：铅蓄电池为二次电池，K闭合时Ⅰ为原电池，放电时Pb化合价升高作负极；Ⅱ为电解池，c电极与电源负极相连作阴极，电子在c电极上，故Ⅱ中SO_4^{2-}向d电极迁移，C选项不正确。该题正确选项C容易选出，但D选项有难度，要理解电解时d为阳极发生氧化反应，d电极上有PbO_2生成。当Ⅱ单独作为原电池时，d电极化合价要降低，故d电极为正极。

体验高考3：（2014年福建理综）某原电池装置如图6-3-9所示，电池总反应为$2Ag+Cl_2=2AgCl$。下列说法正确的是（　　）。

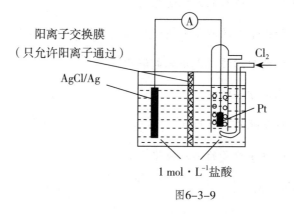

图6-3-9

A. 正极反应为$AgCl+e^-=Ag+Cl^-$

B. 放电时，交换膜右侧溶液中有大量白色沉淀生成

C. 若用NaCl溶液代替盐酸，则电池总反应随之改变

D. 当电路中转移0.01 mol e^-时，交换膜左侧溶液中约减少0.02 mol 离子

师：A项应为Cl_2得电子；B项大量白色沉淀应在左侧溶液生成；

C项电池总反应不改变；该题D选项容易选出，但为何有难度，是因为减少0.02 mol离子包含Cl⁻沉淀减少0.01 mol，H⁺通过交换膜进入右侧溶液减少0.01 mol。

设计意图：让学生复习完本讲内容后，体验本省近年高考试题，激发学生解决问题的动机，做到学以致用。

八、板书设计

6-3 化学能转化为电能——原电池

一、原电池的构成条件

（1）能自发进行的氧化还原反应

（2）活性不同的两个电极（金属或其他导电材料）

（3）电解质溶液（或熔融电解质）

（4）形成闭合回路

二、原电池的工作原理

三、电极反应式的书写规律

"三据三定"：

据元素化合价变化定得失电子数目，

据反应介质定物质变化后的存在形式，

据电荷守恒和原子守恒定反应系数。

四、电化学腐蚀

1.吸氧腐蚀

2.析氢腐蚀

九、学生学习活动评价设计

（1）通过提问和随堂练习，把握学生对本节内容的掌握情况。

（2）及时检查、批改学生作业，了解学生对知识掌握情况和欠缺部分。

（3）与学生交流，帮助学生解决课后练习中发现的问题。

十、教学反思

如何提高高三化学复习课的课堂效率？本节课采用以问题组织教学的方式，在学生预复习基础上，由教师根据考点，精心设计有一定思维容量的问题和课堂练习，不断激发学生的思维，充分发挥学生主体作用。在学生回答问题过程中，教师及时捕捉学生存在的问题并加以引导、分析、解决，使得学生对基础知识的理解更加深入到位。在教学过程中对于学生易产生混淆的问题，教师采取比较分析法帮助学生辨析；对于电极反应式书写这一重难点，教师采取"练习感知—规律总结—练习巩固—迁移应用"的方式，通过问题变式练习让学生领会书写电极反应式的方法与规律，达到了较好的教学效果。本节课借助触摸液晶电视等多媒体辅助教学，提高了课堂的效率。但由于本节课教学内容知识点多、难理解，教师设置的问题信息量较大，有少部分学生思维跟不上节奏，还有待于在习题讲评课中进一步理解消化，巩固提高。

第四节 "酸碱中和滴定"高三复习课例分析

一、研究背景

1. 研究主题

高三年级一轮复习"酸碱中和滴定"第二课时。

2. 教学年级

高三年级。

3. 执教教师

赖老师。

4. 参与研究教师

化学教研组。

5. 问题的提出及课题的选择

"酸碱中和滴定"作为高中阶段少数定量实验的教学,对问题导学法的应用具有一定的代表意义。课题组选取本节课主要是研究以问题导学的方式强化学生建构知识网络意识，有效提高学生课堂参与度，使学生成为教学过程中的主动参与者，进行有效的课堂教学。

二、课例研究模式

1. 一课多上

先由一位教师上课，小组成员听课观课，课后教师集体评议，提出修改意见并进行反思完善，再由这位教师实施，形成典型课例。

2. 互助式观课

（1）课题组事先根据课件共同商定课堂观察的要点；

（2）观课者做好课堂观察记录；

（3）开展课后讨论，讨论的问题要具体解决；

（4）执教者根据改进意见重新上课。

三、研究过程

课例呈现如下。

1. 一次课例

授课班级：高三（8）班。

【教材分析】

本课内容为高三一轮复习"酸碱中和滴定"第二课时。

从学科知识上看，高考内容的深度和广度明显加深加宽，知识的横向联系有所提高，在能力要求上抽象思维趋多。

从学科方法上看，是将酸碱中和滴定理论知识进行整合和迁移应用。

从学科认知的角度上看，该内容有助于培养学生的建模思维，让学生体会解决实际问题的乐趣。

【学情分析】

知识水平：学生已经学过酸碱中和滴定的基本内容，初步掌握了滴定的基本理论；

能力水平：学生具备了一定的学习、归纳、查阅资料的能力，但是潜在能力尚有不足，实验设计能力、质疑的能力，即认识事物本质的能力尚不完备。

【教学目标】

1. 知识与技能

（1）了解酸碱中和滴定的主要考点。

（2）能够正确选择指示剂并准确描述滴定终点现象。

（3）能够掌握酸碱中和滴定的相关计算并分析误差。

2. 过程与方法

通过对酸碱中和滴定相关考点的复习，建立思维模型，提升学生归纳、总结和应用知识的能力。

3. 情感态度与价值观

培养学生热爱化学的兴趣，并在解决实际问题中体会获得知识的乐趣。

【教学重难点】

滴定原理及相关计算。

【教学过程】

(一)课前思考

1. 你们知道几种类型的滴定法?

2. 氧化还原滴定与酸碱中和滴定有什么异同?

(二)引课

图片展示悉尼、深圳南澳、山东日照、福州长乐的赤潮现象,引出溶解氧的测定。

例1:(2017年全国Ⅱ卷28题节选)水中的溶解氧是水生生物生存不可缺少的条件,某课外小组采用碘量法测定学校周边河水中的溶解氧,实验步骤及测定原理如下。

1. 取样、氧的固定

用溶解氧瓶采集水样,记录大气压及水体温度。将水样与 $Mn(OH)_2$ 碱性悬浊液(含有KI)混合,反应生成 $MnO(OH)_2$,实现氧的固定。

2. 酸化、滴定

将固氧后的水样酸化,$MnO(OH)_2$ 被 I^- 还原为 Mn^{2+},在暗处静置5 min,然后用标准 $Na_2S_2O_3$ 溶液滴定生成的 I_2($2S_2O_3^{2-}+I_2\!=\!2I^-+S_4O_6^{2-}$)。

学生:用图示法表示水中溶解氧的测定方法。

$$\text{样品}\atop{(\text{含}O_2)} \xrightarrow[\quad(\text{含KI})\quad]{Mn(OH)_2\text{碱性悬浊液}} MnO(OH)_2 \xrightarrow[\ (2S_2O_3^{2-}+I_2=2I^-+S_4O_6^{2-})\ ]{\text{酸化}\quad\text{碘量法测定}}$$

（三）教师展示考查题目

学生回答下列问题。

（1）取100.00 mL水样经固氧、酸化后，用a mol·L^{-1}Na$_2$S$_2$O$_3$溶液滴定，以淀粉溶液作指示剂，终点现象为_____；若消耗Na$_2$S$_2$O$_3$溶液的体积为b mL，则水样中溶解氧的含量_____mg·L^{-1}。

（2）上述滴定完成时，若滴定管尖嘴处留有气泡会导致测量结果偏_____（填"高"或"低"）。

教师：展示查阅资料结果，即近五年高考关于滴定的考点分布及频次。

① 指示剂选择1次；

② 终点现象描述2次；

③ 滴定定量计算6次（其中含量类4次，沉淀类2次）；

④ 滴定误差分析1次。

各个击破1：如何选择指示剂？

问题1：酸碱中和滴定如何选择指示剂？

生：得出答案并小结，主要根据酸碱完全反应时溶液的酸碱性来选择。

问题2：氧化还原滴定需要指示剂吗？如果需要该怎么选择？

师展示下图。

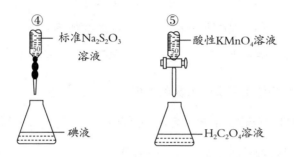

生：⑤不需要，$KMnO_4$自身可以作指示剂；④加淀粉溶液，利用淀粉遇碘变蓝的特征反应。

（四）小结

小结1：指示剂选择技巧

（1）酸碱中和滴定

酸碱恰好完全反应时：①若溶液显中性，选用甲基橙或酚酞作指示剂；②若溶液显碱性，选用酚酞；③若溶液显酸性，选用甲基橙。

（2）氧化还原滴定

①特殊指示剂；②自身指示剂。

各个击破2：滴定终点有什么现象？

师展示下图。

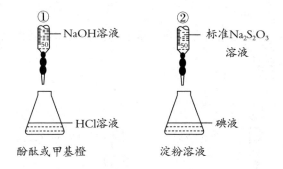

①　——NaOH溶液

——HCl溶液

酚酞或甲基橙

②　——标准Na₂S₂O₃
溶液

——碘液

淀粉溶液

师：引导学生得出终点颜色变化。

①使用酚酞作指示剂：无色→红色；

使用甲基橙作指示剂：红色→黄色；

②蓝色→无色。

小结2：判断滴定终点的答题模板

当滴入最后一滴溶液时，锥形瓶中的溶液由××色变成××色，并且半分钟内不恢复原色。

当堂解决：请描述该滴定的终点现象

生：当滴入最后一滴KMnO₄溶液时，锥形瓶中的溶液由无色变成浅红色，并且半分钟内不恢复原色。

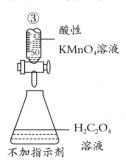

③　——酸性
KMnO₄溶液

——H₂C₂O₄
溶液

不加指示剂

各个击破3：滴定法计算有什么规律技巧？

例1：欲测定某烧碱溶液的浓度，现取10.00 mL待测液于锥形瓶中，用0.100 0 mol·L⁻¹标准盐酸滴定，根据下列数据，待测NaOH溶液的浓度为_____。

滴定次数	待测液体积/mL	标准盐酸体积/mL	
		滴定前读数	滴定后读数
第一次	10.00	0.50	20.45
第二次	10.00	4.00	24.05
第三次	10.00	0.00	22.30

生：计算并板演，得出结果c（NaOH）=0.200 0 mol·L⁻¹。

师：提醒学生注意数据筛选。

例2：（2017年全国Ⅱ卷26题节选）水泥是重要的建筑材料。水泥熟料的主要成分为CaO、SiO_2，并含有一定量的铁、铝和镁等金属的氧化物。实验室测定水泥样品中钙含量的过程如图所示。

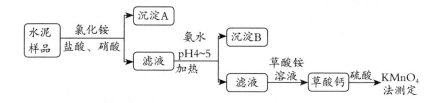

生回答下列问题。

（4）草酸钙沉淀经稀H_2SO_4处理后，用$KMnO_4$标准溶液滴定，通过测定草酸的量可间接获知钙的含量，滴定反应为MnO_4^-+H^++$H_2C_2O_4$→Mn^{2+}+CO_2+H_2O。

实验中称取0.400 g水泥样品，滴定时消耗了0.0500 mol·L^{-1}的

$KMnO_4$溶液36.00 mL，则该水泥样品中钙的质量分数为_____。

师：简化流程图如下。

引导学生得出钙与CaC_2O_4、$H_2C_2O_4$之间的关系为钙～CaC_2O_4～

$H_2C_2O_4$，MnO_4^-与$H_2C_2O_4$之间的关系为$5H_2C_2O_4$～$2MnO_4^-$，并建立钙与

MnO_4^-之间的关系，即5钙～$5CaC_2O_4$～$5H_2C_2O_4$～$2MnO_4^-$。

生通过计算得出结果：45.0%。

小结3：滴定定量计算—关系式法（思维建模）

（1）已知方程式：直接找关系

$mA+nB=pC+qD$

$mA～nB～pC～qD$

（2）无方程式 $\begin{cases} 氧化还原反应：电子守恒法 \\ 非氧化还原反应：元素守恒法 \end{cases}$

各个击破4：如何分析氧化还原滴定的误差？

$$c(H_2C_2O_4) = \frac{5}{2} \times \frac{c(KMnO_4) \cdot V(KMnO_4)}{V(H_2C_2O_4)}$$

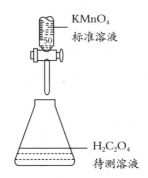

1. 锥形瓶洗净后未烘干。

2. 放出$H_2C_2O_4$的滴定管开始有气泡,放出液体后气泡消失。

3. 部分标准液滴出锥形瓶外。

4. 酸式滴定管滴定后俯视读数。

师:引导学生得出c($H_2C_2O_4$)的误差归结于V(KMnO$_4$),通过分析得出结果如下。

1.无影响;2.偏低;3.偏高;4.偏低。

小结4:滴定误差来源包括四个过程

滴定误差来源主要包括:洗涤、取液、滴定、读数四个过程。

问题解决

学生解出例1答案:(1)当最后一滴标准液滴入时,溶液由蓝色变为无色,且半分钟内无变化;80ab。(2)低。

随堂练习

1. 以0.100 0 mol·L^{-1}NaOH溶液滴定0.100 0 mol·L^{-1}某酸HA溶液,其滴定曲线如图所示。下列说法正确的是(　　　)。

A. HA为弱酸

B. 可用甲基橙作滴定指示剂

C. 指示剂指示的滴定终点就是反应终点

D. 滴定时氢氧化钠溶液盛放在带活塞的滴定管中

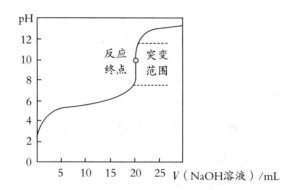

2. 莫尔法是一种沉淀滴定法，以K_2CrO_4为指示剂，用标准硝酸银溶液滴定待测液，进行测定溶液中Cl^-的浓度。已知条件如下。

银盐	AgCl	AgBr	AgCN	Ag_2CrO_4	AgSCN
颜色	白	浅黄	白	砖红	白
溶解度/($mol \cdot L^{-1}$)	1.34×10^{-6}	7.1×10^{-7}	1.1×10^{-8}	6.5×10^{-5}	1.0×10^{-6}

（1）滴定终点的现象是_____。

（2）若用$AgNO_3$溶液滴定NaSCN溶液，可选为滴定指示剂的是_____（填字母）。刚好达到滴定终点时，发生的离子反应方程式为_____。

A. NaCl   B. $BaBr_2$ C. Na_2CrO_4

课堂观察小组评议

1. 引课：作为高三一轮复习课，用图片引课显得烦琐，而且课堂时间有限，若没有时间处理例1，则教学效果难以体现。评议组建议直接用近五年高考考点分布情况作为课堂引入，简洁明了，节省时间。

2. 滴定曲线是高考热点，可在指示剂选择时带入，使学生不仅认识了指示剂的颜色变化，同时也对指示剂的颜色变化有了定量认识。

3. "互动"情况观察：本节课的知识点以目录形式展现后，再通过思维建模逐一解决问题。在思维建模后可适当地当堂解决问题，除驱动学生思考外，也可当堂检查学习效果。

4. "教学设计"合理性观察：本节课设计初衷是希望把酸碱中和滴定、氧化还原滴定、沉淀滴定三种滴定都讲完，评议小组认为这样讲解不精，反而适得其反，于是决定精讲氧化还原反应。

2. 二次课例及修改

针对课后评议及课堂观察提出的改进意见，赖老师于第二天在高三（7）班再呈现的二次课例中做了如下修改。

（1）引课修改

课件展示：近五年高考考点分析。

年份	2017年			2016年			2015年			2014年		2013年	
	I卷	II卷	III卷	I卷	II卷	III卷	I卷	II卷	III卷	I卷	II卷	I卷	II卷
指示剂选择								√					
终点现象描述		√						√					

续　表

定量计算	√	√ √	√ K_{sp}				√		√ K_{sp}	
误差分析		√								

生：分析得出考查次数，指示剂选择1次，终点现象描述2次，定量计算6次，误差分析1次。

（2）酸碱指示剂选择时，教师提供石蕊、酚酞、甲基橙变色范围及相应滴定曲线辅助学生理解。

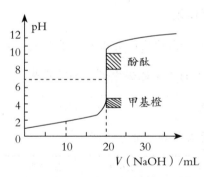

石　蕊　红——紫——蓝
　　　　　　5.0　　8.0

酚　酞　无色——浅红——红
　　　　　　8.0　　　10.0

甲基橙　红——橙——黄
　　　　　　3.1　　4.4

（3）可选择其中一个指示剂作为示例，余下部分处理成当堂解决的问题。

（4）2017年全国Ⅱ卷第28题节选的溶解氧测定的题目直接从引课部分处理成随堂练习，一次课例中的随堂练习则不保留。

【教学反思】

通过本节课对酸碱中和滴定的复习，使学生能从不同的角度认识滴定法。在教学过程中，采用问题讨论的方法，循循善诱，让学生带着问题思考，培养学生分析问题、解决问题的能力。通过应用课件和学生分组讨论等形式，分析原因，步步深入，使学生在充分理解所学知识的基础上提升自我的能力。

四、课例研究总结

（一）对课例研究作用的认识

通过本次课例，问题导学式学本课堂教学模式以教师设置的问题为主线，学生以问题为中心展开探究学习，在学习过程中使知识更加有序，有助于高三学生把握知识间的纵横联系，理清知识间的内在关联，进而形成科学的化学思想和方法，提升知识的迁移能力，做到举一反三。

（二）问题导学法的反思

问题导学法的关键在于能让学生快速把握知识的整体结构及其重难点。整个课堂以问题为主线，围绕教师提出问题、解决问题，师生发现问题、研究问题而展开，它的优势体现在以下三个方面。

1. 教师方面

传统教学主要从教师角度进行备课，而该方法则是教师在了解学情、对高考有一定研究的基础上，尊重学生认知规律，以学生的最近发展区为突破口，设置递进的问题，以满足学生的个性化需求。

2. 学生方面

课堂中，学生带着问题听教师讲解"关键点""易错点"，减少了听课的盲目性，同时能充分发挥学生的主观能动性，使学习更高效。学生在思考简单问题时，可独立完成，若遇到复杂问题，则可通过小组讨论来完成，这充分体现了"以生为本"的理念。

3. 教与学关系方面

传统的教学以教师传授知识为主，对学生的学情变化关注不够；而问题导学在不忘教师辅助作用的基础上，课堂上增大了学生思考讨论的比例，使课堂的主动性更多地掌握在学生手中，这能有效促进教学相长，是符合时代发展需要的新型教学模式。

当然，问题导学法若要取得成效，需要精心的问题设计来支撑。高三教学工作繁重，建立目录、设置问题若要既有系统性，又有层次性，需要花费教师大量时间、精力，所以，这项工作最好以备课组为单位共同完成。每个学生的基础、能力不同，也会影响其对问题的理解，听课效果也不同。因此，提高教学效率任重而道远。

第五节 "沉淀溶解平衡"高三复习课例分析

一、研究背景

1. 研究主题

高三年级一轮复习"沉淀溶解平衡"第二课时。

2. 教学年级

高三年级。

3. 执教教师

王老师。

4. 参与研究教师

化学教研组全体成员。

5. 问题的提出及课题的选择

高三年级的学生常常陷于"题海"之中,可学习效果却不理想。最常见的状况是:学生知道题意,但高中化学知识杂、乱、多，易懂难记，学生在梳理、储存、记忆时，若未找到知识的内在关联，则无法有序储存知识并建立知识网络，无法举一反三，更无法融会贯通将知识转化为能力。因此，教师在高三化学教学过程中，除了让学生主动参与课堂外，还要注重知识在题目中的应用和解题建构。而化学学科核心素养要求学生具有证据意识，能基于证据对物质组成、结构及其变化提出可能的假设，通过分析推理加以证实或证伪；建立观点、结论和证据之间的逻辑关系；知道可以通过分析、推理等方法认识研究对象的本质特征、构成要素及其相互关系，建立模型，能运用模型解释化学现象，揭示现象的本质和规律。

"沉淀溶解平衡"作为高考常考点，对核心素养中提到的模型建构的应用具有一定的代表意义。课题组选取本节课主要是研究以解题建构的方式强化学生自主构建解题模型，有效提高学生课堂参与度，使学生成为教学过程中的主动参与者，进行有效的课堂教学。

二、课例研究模式

1. 一课多上

课题组采取"一课多上"的形式展开研究，先由一位教师上课，小组成员听课观课，课后教师集体评议，提出修改意见并进行反思完善，再由这位教师实施，形成典型课例。

2. 互助式观课

课题组其他成员进行观课指导。互助式观课的步骤：①课题组事先根据课件共同商定课堂观察的要点；②观课者做好课堂观察记录；③开展课后讨论，讨论问题要具体解决；④执教者根据改进意见重新上课。

3. 解题建构的基本程序

建立学习任务→提出问题→思维建模→问题解决

发现新问题

三、研究过程

1. 一次课例

授课班级：高三（7）班。

【教材分析】

本课内容为高三一轮"沉淀溶解平衡"第二课时。

从学科知识上看，高考内容的深度和广度明显加深加宽，知识的横向联系有所提高，在能力要求上抽象思维趋多。

从学科方法上看，是将沉淀溶解平衡理论知识进行整合和迁移应用。

从学科认知的角度看，该内容有助于培养学生的建模思维，并体会解决实际问题的乐趣。

【学情分析】

知识水平：学生已经学过了沉淀溶解平衡的基本内容，初步掌握了沉淀溶解平衡和K_{sp}的基本理论。

能力水平：学生具备了一定的学习、归纳、查阅资料的能力，但是潜在能力尚有不足，如知识迁移的能力，即认识事物本质的能力尚不完备。

学习状态：学生过多地依赖老师，学习的自觉性、主动性较差，不遵循学习的一般规律和方法，容易忽视学习过程的一些基本环节，如预习、复习、总结反思等，导致知识间的相互渗透不足，无法灵活应用知识。

【教学目标】

1. 知识目标

（1）结合对具体实例的描述，知道难溶电解质在水中存在沉淀溶解平衡。

（2）学生能描述沉淀溶解平衡，能写出溶度积常数的表达式，了解溶度积的含义，知道溶度积可以反映难溶电解质在水中的溶解能力。

（3）学生能运用平衡移动的观点对沉淀的溶解、生成与转化过程进行分析，知道沉淀转化的本质是沉淀溶解平衡的移动，并能对相关实验现象以及生活中的一些问题进行解释。

（4）进一步认识化学知识与人类生活的密切关系。

2. 能力目标

（1）依据可逆反应的共性，运用严密的逻辑推理方法，将化学平衡常数运用到沉淀溶解过程，提高学生分析问题和解决问题的能力。

（2）模型建构方法，让学生自己总结解高考沉淀溶解平衡图形题的规律。

3.情感、态度与价值观目标

（1）通过对沉淀的转化及其应用的学习，认识其中蕴含的"透过现象看本质以及由特殊到一般的辩证唯物主义观点"。

（2）结合实验现象以及对生产、生活中与沉淀溶解平衡有关的相关现象的讨论，使学生体会到化学对于提高人类生活质量、促进社会发展的作用，培养学生审美情趣，激发学生学习化学的热情。

【教学过程】

（一）引课

肾结石主要成分是草酸钙、磷酸钙等难溶物。

（1）很久以前，美国密歇根州大学健康系的教授格雷对肾结石患者提出以下几点建议。

① 多喝水，尤其夏天；

② 少喝牛奶，尤其睡前；

③ 合理补钙，控制用量。

（2）医学研究表明，若增加50%的尿量，可使肾结石发病率下降86%。

（二）学习任务

学习任务一：定性、定量分析沉淀的生成

1.提出问题

学生思考以下问题。

（1）请写出CaC_2O_4、$Ca_3(PO_4)_2$沉淀平衡的方程式。

（2）从沉淀溶解平衡移动角度如何理解格雷教授的建议？

请写出CaC_2O_4、$Ca_3(PO_4)_2$沉淀平衡的K_{sp}表达式。

2. 教师描述与归纳

（1）教师描述

沉淀溶解平衡：一定温度下，难溶电解质的溶解速率和沉淀生成速率相等，相关离子的浓度不再变化的状态，称为沉淀溶解平衡。

（2）教师归纳

① 沉淀溶解平衡的建立与K_{sp}的表达式（在学生回答的基础上引导学生共同总结并比较化学平衡的特征及其平衡移动规律、沉淀溶解平衡的特征）。

② 溶度积性质

a. 溶度积（K_{sp}）大的电解质饱和溶液，达到平衡状态与难溶电解质的性质和温度有关，与沉淀的量无关。

b. K_{sp}反映了难溶电解质在水中的溶解能力，相同类型（化学式所表示的组成中阴、阳离子个数比相同时）的难溶电解质的K_{sp}值越小，越难溶。

3. 教师提问与归纳

（1）教师提问

问题1：如何根据Q与K_{sp}的关系判断沉淀的生成？

（2）教师归纳

在学生复习浓度熵Q与化学平衡常数K的基础上，由老师引导学生分析并得出以下结论。

① $Q=K_{sp}$时难溶电解质达到沉淀溶解平衡状态，溶液是饱和溶液。

② $Q>K_{sp}$时溶液中将析出沉淀，直到溶液中的$Q=K_{sp}$为止。

③ $Q<K_{sp}$时溶液为不饱和溶液，将足量的难溶电解质固体放入此溶液中，固体将溶解，直到溶液中$Q=K_{sp}$时，溶液达到饱和。

4. 教师展示考查题目

问题2：如何判断在一定条件下沉淀能否生成或溶解？

例题：将20.0 mL 0.0010 mol·L^{-1}的CaCl$_2$溶液与30.0 mL 0.010 mol·L^{-1}的K$_2$C$_2$O$_4$溶液混合后（忽略体积变化），有无CaC$_2$O$_4$沉淀生成？已知K_{sp}（CaC$_2$O$_4$）=4.0×10^{-9}（mol·L^{-1}）^{2}。

学生计算，回答问题。

问题3：如何判断沉淀产生的先后顺序？

例题：设溶液中Cl$^-$、CrO$_4^{2-}$离子浓度均为0.0010 mol·L^{-1}，若逐滴加入AgNO$_3$溶液，哪一种离子先产生沉淀？已知K_{sp}（AgCl）=1.77×10^{-10}，K_{sp}（Ag$_2$CrO$_4$）=1.12×10^{-12}不同类型沉淀，先计算沉淀时各自所需沉淀剂浓度。

5. 学生归纳建立第一个解题模型

当判断两种溶液混合后能否生成沉淀时，可按下列步骤进行。

（1）计算出混合后与沉淀有关的离子浓度。

（2）计算出离子积Q。

（3）将Q与K_{sp}进行比较，判断沉淀能否生成。

提高学生分析问题和解决问题的能力，并对旧知识加以运用与升华，使学生对K_{sp}有一个感性认识并感知K_{sp}的应用，培养学生分析数据解决问题的能力。

学习任务二：沉淀溶解平衡曲线的理解与应用

1. 课堂练习

处于某温度时，$BaSO_4$在水中的沉淀溶解平衡曲线如图所示。下列说法正确的是（　　）。

A. 加入Na_2SO_4可以使溶液由A点变到B点

B. 通过蒸发可以使溶液由D点变到C点

C. D点无$BaSO_4$沉淀生成

D. A点对应的K_{sp}大于C点对应的K_{sp}

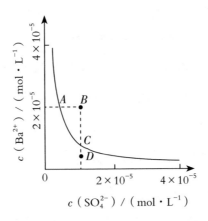

2. 提出问题

提出问题1：溶度积规律曲线

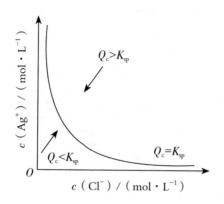

（1）请同学们描述所观察到的图像，描绘溶度积规律图像；

（2）请同学们利用沉淀溶解平衡的相关知识和所提供的数据对实验现象进行解释或提出质疑。

教师小结：①沉淀转化的原理；②分析沉淀溶解平衡曲线的相关问题的基本思路。

提出问题2：想一想线上点、线内点、线外点的含义。

3. 小结

总结并寻找规律，培养学生分析数据解决问题的能力。

沉淀溶解平衡图像题解题方法建构如下。

（1）明确纵横坐标的含义。

（2）理解图像中线上点、线外点的含义。

（3）抓住K_{sp}的特点，结合选项分析判断。

教师展示考查题目如下。

（2014年全国I卷，11）溴酸银（$AgBrO_3$）溶解度随温度变化曲线如下图所示，下列说法错误的是（　　　）。

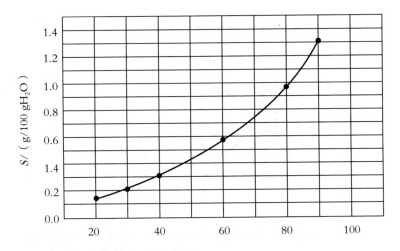

A. 溴酸银的溶解是放热过程

B. 温度升高时溴酸银溶解速度加快

C. 60 ℃时溴酸银的K_{sp}约等于6×10^{-4}

D. 若硝酸钾中含有少量溴酸银，可用重结晶方法提纯

高考原题再现

（1）在湿法炼锌的电解循环溶液中，较高浓度的Cl^-会腐蚀阳极板而增大电解能耗。可向溶液中同时加入Cu和$CuSO_4$，生成$CuCl$沉淀从而除去Cl^-。根据溶液中平衡时相关离子浓度的关系图，下列说法错误的是（　　）。

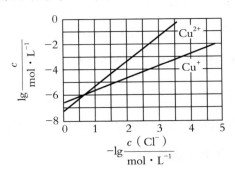

A. K_{sp}（CuCl）的数量级为10^{-7}

B. 除Cl^-反应为$Cu+Cu^{2+}+2Cl^-$══$2CuCl$

C. 加入Cu越多，Cu^+浓度越高，除Cl^-效果越好

D. $2Cu^+$══$Cu^{2+}+Cu$平衡常数很大，反应趋于完全

（2）（2010·山东）某温度下，$Fe(OH)_3(s)$、$Cu(OH)_2(s)$分别在溶液中达到沉淀溶解平衡后，改变溶液pH，金属阳离子浓度的变化如图所示。据图分析，下列判断错误的是（　　）。

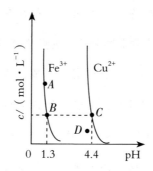

A. $K_{sp}[Fe(OH)_3]<K_{sp}[Cu(OH)_2]$

B. 加适量NH_4Cl固体可使溶液由A点变到B点

C. C、D两点代表的溶液中$c(H^+)$与$c(OH^-)$乘积相等

D. $Fe(OH)_3$、$Cu(OH)_2$分别在B、C两点代表的溶液中达到

　饱和

课堂小结

（1）定性、定量分析沉淀的生成。

（2）沉淀溶解平衡曲线的理解与应用。

课堂观察小组评议

（1）引课：作为高三年级一轮复习课，用图片引课显得烦琐，而且课堂时间有限，若没有时间处理例1，则效果难以体现。评议组建议减少课前的导入部分，并在后面增加导入内容的应用。

（2）沉淀溶解平衡曲线是高考热点，也是难点，帮助学生建立解题模型有助于减少解题的难度。

（3）互动情况观察：本节课的知识点以学习任务的形式一一展现后，再通过思维建模逐一解决问题。教师在思维建模后可适当地当堂解决问题，除驱动学生思考外，也可当堂检查学习效果。

（4）"教学设计"合理性观察：本节课设计初衷是希望把沉淀溶解平衡的各种题型都讲完，评议小组认为这样讲解不精，反而适得其反，于是决定精讲沉淀溶解平衡曲线问题。

（5）对沉淀溶解平衡曲线的横纵坐标变化，教师给出了多种变化类型，但是只是简单的题目堆砌，没有抓住实质，对学生解决问题帮助不大。评议组建议把练习精简，突出变化。

2. 二次课例及修改

针对课后评议及课堂观察提出的改进意见，王老师于第二天在高三（8）班再呈现的二次课例中做了如下修改。

（1）引入部分减少时间，但是在学习任务一结束前，增加肾结石内容的反馈。

（2）学习任务一中不同类型沉淀先后顺序问题，这节课先简化处理。

（3）学习任务二中横纵坐标变形部分，题目先后顺序更有对比性，更直观。

练习：某温度时，$BaSO_4$在水中的沉淀溶解平衡曲线如图所示。下列说法正确的是（　　　）。

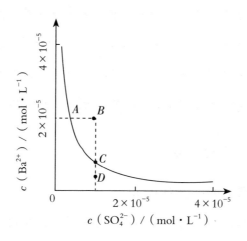

A. 加入Na_2SO_4可以使溶液由A点变到B点

B. 通过蒸发可以使溶液由D点变到C点

C. D点无$BaSO_4$沉淀生成

D. A点对应的K_{sp}大于C点对应的K_{sp}

【教学反思】

学习本节课时，教师应结合日常生产生活中的情景来创设教学情境，以激发学生求知欲望；始终根据实际生活中的具体事例来诠释抽象的概念，让学生复习沉淀溶解平衡的建立及溶度积常数的概念、表达式及意义，利用K_{sp}与Q的关系顺利过渡到沉淀的溶解与生成，给学生以真实的感受，真正体悟化学是以实验为基础的自然科学。对于本节课的教学难点——沉淀溶解平衡曲线的理解和应用，为提高学生的学习热情和学习的主动性，培养学生的观察能力与分析问题、解决问题的能力。通过对溶度积规律的已有认识来创设情境，让学生实现知识上的延伸，然后学生通过分组讨论，并在教师的引导下，最终分析、归纳出沉淀溶解平衡曲线的解题模型。这使学生基本掌握分析沉淀溶解平衡的有关问题的基本思路，了解沉淀的转化在科学研究和生产生活中的重要应用。分析原因，步步深入，使学生在充分理解所学知识的基础上提升自身的能力。

四、课例研究总结

（一）对课例研究作用的认识

通过本次课例，课题组全体成员认识了新的教学模式——解题模型建构，这是核心素养要求的其中一种，该教学模式以教师设置的问题为主线，学生以问题为中心展开探究学习，在学习过程中使知识更加有序。同时这一教学模式帮助学生建立解题模型，有助于高三学生运用模型解释化学现象，揭示现象的本质和规律，理清知识间的内在关联，做到举一反三，进而形成科学的化学思想和方法，提升知识的迁移应用能力。

（二）模型建构法反思

模型建构法的关键在于能让学生快速把握知识的整体结构及其重难点。整个课堂以学习任务为主线，围绕教师提出问题、解决问题、师生发现问题、研究问题而展开，它的优势体现在以下三个方面。

1. 教师方面

传统教学主要从教师角度进行备课，而该方法则是教师在了解学情、对高考有一定研究的基础上，对典型考题提出递进式的问题，帮助学生自主建立有效的解题模型。

2. 学生方面

课堂中，学生能充分发挥主观能动性，使学习更高效。学生在思考简单问题时，可独立完成，建立解题模型遇到复杂问题时，则可通过小组讨论来完成，找到自己解题模型的不足之处，对模型进行补充，这充分体现了"以生为本"的理念。

3. 教与学关系方面

传统的教学模型建构主要以教师讲授为主，学生被动听为主，学生主动参与少，而模型建构法中教师主要起引导、辅助作用，更多地体现了学生的"学"，模型建构主要由学生合作完成，体现了新型的教与学关系。

第六节 "浓度对化学反应速率的影响"
问题导学案

一、课前问题导学

问题1

请列举出几个你日常生活中所观察到的与影响化学反应速率有关的实例。

问题2

请阅读课本第57页表2-3-1，从数据中你发现有什么规律，得到了什么结论？

二、课中问题解决

问题1

反应$H_2O_2+2HI=2H_2O+I_2$在不同浓度时的速率见表6-6-1。

表6-6-1

实验编号	1	2	3	4	5
$c(HI) / (mol \cdot L^{-1})$	0.100	0.200	0.300	0.100	0.100
$c(H_2O_2) / (mol \cdot L^{-1})$	0.100	0.100	0.100	0.200	0.300
$v/ (mol \cdot L^{-1} \cdot s^{-1})$	0.00760	0.0153	0.0227	0.0151	0.0228

表中的数据说明化学反应速率与H_2O_2浓度及HI浓度之间有什么关系？

问题2

一些化学反应的速率与参与反应物质的浓度的关系见表6-6-2。

表6-6-2

化学反应	反应速率与参与反应物质的浓度的关系式
$H_2+Cl_2=2HCl$	$v=kc(H_2) c^{1/2}(Cl_2)$
$H_2+I_2=2HI$（气体反应）	$v=kc(H_2) c(I_2)$
$CO+NO_2=CO_2+NO$	$v=kc(NO_2)$

一个化学反应的速率与参与反应物质的浓度的关系式中，浓度的方次与化学方程式中的系数有无确定关系？

问题3

一个可逆反应达到化学平衡后，若改变反应物或生成物的浓度，化学反应速率与时间关系图像会如何变化？

思考1：如果增大反应物的浓度，请在图6-6-1中画出v-t图像变化情况。

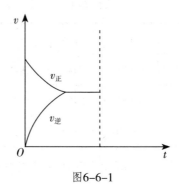

图6-6-1

思考2：如果v-t图像变化情况如图6-6-2所示，请从浓度的角度分析，实现这种变化在平衡时改变了什么条件？

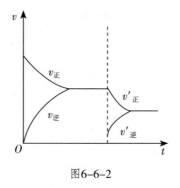

图6-6-2

问题4

对于气体反应，在一定的温度、体积条件下，压强的改变如何对化学反应速率产生影响？

提示：$pV=nRT$　　当T一定时，压强与浓度成正比。

思考1：在固定体积的容器中，可逆反应$2SO_2(g)+O_2(g)\rightleftharpoons 2SO_3(g)$达到平衡后，往其中通入$SO_2$，反应速率将怎么变化，平衡如何移动？若通入的是惰性气体，情况又会如何？

思考2：在密闭容器中，可逆反应$2SO_2(g)+O_2(g) \rightleftharpoons 2SO_3(g)$达到平衡后，若将容器体积缩小一半，$v$（正）、$v$（逆）怎么变化，平衡如何移动？请画出$v\text{-}t$图像变化情况。

问题解决：

某科研小组欲研究在其他条件不变的情况下，改变起始氧气的物质的量对合成新型硝化剂反应$4NO_2(g)+O_2(g) \rightleftharpoons 2N_2O_5(g)$ ΔH <0的影响，其曲线如图6-6-3所示，图中$\varphi(N_2O_5)$表示N_2O_5的体积分数。

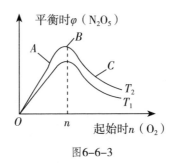

图6-6-3

（1）图像中T_1和T_2的关系是T_1_____（填"$>$""$<$"或"$=$"）T_2。

（2）比较A、B、C三点所处的平衡状态中，反应物NO_2的转化率最大的是_____（填字母）。

反思总结

学习完本节课内容，你认为这节课的核心知识是什么？在思维方法方面你有什么样的收获与体会？你还存在哪些困惑？

三、课后问题

问题1

在恒压的容器中，可逆反应 $2SO_2$（g）$+O_2$（g）$\rightleftharpoons 2SO_3$（g）达到平衡后，往其中通入惰性气体，反应速率将怎么变化，平衡如何移动？

问题2

预习温度对化学反应速率的影响，试画出改变温度时，$v-t$ 图像的变化情况。

第七节　"酸碱中和滴定"问题导学案

一、课前问题导学

问题1

酸碱中和滴定的原理是什么?

问题2

滴定过程中,哪些不当的操作会引起实验误差?

二、课中问题解决

问题1

酸碱中和滴定的原理是什么?待测液浓度取决于哪个变量?

问题2

酸碱中和滴定实验主要用到哪些仪器?主要包括哪些实验步骤?

(1)清洗、检漏、润洗。

(2)装试剂、赶气泡、调液面、记读数V_1。

(3)取待测液、加指示剂。

（4）边滴定边振荡、观颜色判终点、记读数V_2。

（5）重复实验、取值计算。

问题3

欲测定某NaOH溶液物质的量浓度，现用0.100 0 mol·L^{-1}的HCl标准溶液进行中和滴定。下列操作是如何影响测定结果的？

思考1：有关清洗、润洗的影响如下。

（1）未用标准液润洗酸式滴定管（偏大）。

（2）碱式滴定管未用待测溶液润洗（偏小）。

（3）用待测液润洗锥形瓶（偏大）。

（4）锥形瓶水洗后未经干燥，便直接盛待测溶液（无影响）。

思考2：有关滴定过程的影响如下。

（1）不小心将标准液滴在锥形瓶的外面（偏大）。

（2）锥形瓶振荡太剧烈，有少量液滴溅出（偏小）。

（3）滴定到指示剂颜色刚变化，就停止滴定（偏小）。

思考3：有关气泡的影响如下。

滴定前标准液滴定管尖嘴有气泡，滴定后尖嘴气泡消失（偏大）。

思考4：有关读数的影响如下。

（1）开始时标准液在滴定管刻度线以上，未予调整（偏小）。

（2）滴定前仰视读数，滴定后正确读数（偏小）。

（3）滴定前正确读数，滴定后俯视读数（偏小）。

问题4

欲测定某NaOH溶液物质的量浓度，现用0.100 0 mol·L^{-1}的HCl

标准溶液进行酸碱中和滴定。

思考1：若甲学生在实验过程中，记录滴定前滴定管内液面读数为0.50 mL，滴定后液面如图6-7-1，则此时消耗标准溶液的体积为_____。

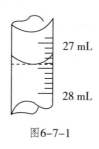

27 mL

28 mL

图6-7-1

思考2：乙学生做了三组平行实验，数据记录如下表6-7-1，请选取下述合理数据，计算出待测NaOH溶液的物质的量浓度为_____（保留四位有效数字）。

表6-7-1

实验序号	待测NaOH溶液的体积/mL	$0.100\ 0\ mol \cdot L^{-1}$ HCl溶液的体积/mL	
		滴定前刻度	滴定后刻度
1	25.00	0.00	26.29
2	25.00	1.00	28.30
3	25.00	1.00	27.31

三、反思总结

学习完本节课内容，你认为这节课的核心知识是什么？在思维方法方面你有什么样的收获与体会？你还存在哪些的困惑？

课后问题如下。

问题

氧化还原滴定法在生产实际中应用广泛。例如溶液中MnO_4^-的浓度可以用已知准确浓度的Fe^{2+}溶液滴定，滴定过程中是否要加指示剂？其计算与酸碱中和滴定有何不同？

〔第七章〕

学本课堂视野下高中化学问题解决教学的问题与对策及发展趋势

第一节　学本课堂视野下高中化学
问题解决教学中存在的问题

在学本课堂视野下，高中化学问题解决教学中主要存在以下问题。

一、学生方面

1. 自主学习能力不足

部分学生习惯于传统教学模式下被动地接受知识，在学本课堂中缺乏自主学习的意识和方法，难以主动地发现问题、分析问题和解决问题。学生对问题的探究缺乏深度和持久性，经常浅尝辄止，遇到困难时容易放弃，缺乏坚持不懈的精神。

2. 合作学习效果不佳

在小组合作学习中，部分学生参与度不高，存在"搭便车"的现象。有些学生只是被动地听从小组中其他成员的安排，缺乏积极主动的参与和贡献。小组合作缺乏有效的组织和管理，成员之间分工不明确，讨论过程中容易出现混乱和无序的情况，导致合作学习效率低下。

3. 问题解决能力有限

学生在面对复杂的化学问题时，往往缺乏有效的问题解决策略和方法，他们可能不知道如何从问题中提取关键信息，如何运用所学知识进行分析和推理，以及如何选择合适的实验方法或计算方法来解决问题。学生的思维方式较为单一，缺乏批判性思维和创新思维，难以从不同的角度去思考问题和寻找解决方案。

二、教师方面

1. 教学观念转变不彻底

虽然倡导学本课堂，但部分教师仍然难以摆脱传统教学观念的束缚，在教学过程中仍不自觉地以教师为中心，过多地进行知识的讲解和灌输，而忽视了学生的主体地位和自主学习能力的培养，对学生的问题解决过程缺乏足够的信任和耐心，急于给出答案或指导，没有给学生足够的时间和空间去思考和探索。

2. 问题设计不合理

问题的难度和梯度把握不当。有些问题过于简单，缺乏挑战性，不能激发学生的学习兴趣和探究欲望；而有些问题又过于复杂，超出了学生的能力范围，导致学生无从下手。问题的开放性和综合性不足，部分问题过于封闭，答案唯一，不利于培养学生的创新思维和综合运用知识的能力。同时，问题之间缺乏关联性和系统性，不能形成有效的问题链，引导学生进行深入的学习和探究。

3. 教学方法单一

在问题解决教学中，部分教师仍然采用传统的讲授法，缺乏多样化的教学方法和手段。例如，很少运用实验探究、小组讨论、案例分析等方法来引导学生解决问题，导致课堂教学氛围沉闷，学生的学习积极性不高。

对现代教育技术的应用不足。在信息化时代，教师应该充分利用多媒体、网络等现代教育技术手段，为学生提供丰富的学习资源和多样化的学习方式，但部分教师在这方面还存在不足。

4. 评价方式不科学

评价方式单一，部分教师主要以考试成绩作为评价学生的唯一标准，忽视了学生在问题解决过程中的表现和进步。这种评价方式不利于全面、客观地评价学生的学习成果，也不能有效地激励学生积极参与问题解决教学。

评价缺乏及时性和针对性。教师对学生的问题解决过程缺乏及时的反馈和评价，不能及时指出学生存在的问题和不足，也不能给予学生有针对性的指导和建议，影响了学生的学习效果和问题解决能力的提升。

第二节　学本课堂视野下高中化学问题解决教学的对策

在学本课堂视野下，为提升高中化学问题解决教学质量，可以采取以下对策。

一、学生层面

1. 培养自主学习能力

引导学生转变学习观念，认识到自己在学习中的主体地位，主动参与到问题解决的过程中。教师可以通过开展学习方法讲座、分享优秀学生的学习经验等方式，帮助学生掌握自主学习的方法和技巧。

培养学生的学习兴趣和内在动力。教师可以通过创设生动有趣的教学情境、引入与生活实际相关的化学问题等方式，激发学生的学习兴趣和好奇心，让学生在问题解决的过程中体验到学习的乐趣和成就感。

鼓励学生制订学习计划和目标，并定期进行自我反思和评价。学生可以根据自己的学习情况和需求，制订合理的学习计划和目标，并在学习过程中不断反思自己的学习方法和效果，及时调整学习策略。

2. 提高合作学习效果

加强小组合作学习的组织和管理。教师可以根据学生的学习能力、性格特点等因素进行合理分组，明确小组成员的分工和职责，确保每个学生都能积极参与到合作学习中。

培养学生的合作意识和团队精神。教师可以通过开展团队建设活动、组织小组竞赛等方式，增强学生的合作意识和团队凝聚力，让学生学会相互尊重、相互支持，共同进步。

教师要及时给予小组合作学习指导和反馈。在学生进行小组合作学习的过程中，教师要密切关注学生的学习情况，及时给予指导和反馈，帮助学生解决合作学习中遇到的问题和困难。

3. 提升问题解决能力

加强化学基础知识的学习和掌握。问题解决的基础是扎实的化学知识，学生只有掌握了丰富的化学基础知识，才能更好地分析和解决化学问题。教师可以通过课堂讲解、课后练习、实验探究等方式，帮助学生巩固化学基础知识。

培养学生的思维能力和创新意识。教师可以通过提出开放性问题、引导学生进行多角度思考、鼓励学生提出不同的解决方案等方式，培养学生的批判性思维、创新思维和发散思维能力。

加强问题解决策略的指导。教师可以结合具体的化学问题，向学生介绍问题解决的一般步骤和方法，如分析问题、提出假设、设计实验、收集数据、得出结论等，帮助学生掌握有效的问题解决策略。

二、教师层面

1. 转变教学观念

教师要深刻认识到学本课堂的重要性和必要性，切实转变教学观念，从以教师为中心转变为以学生为中心，从注重知识传授转变为注重学生能力培养和综合素质提升。

教师要充分信任学生的学习能力和潜力，给予学生足够的时间和空间去自主学习和探究问题，让学生在问题解决的过程中实现知识的建构和能力的提升。

2. 优化问题设计

问题的难度要适中，既要有一定的挑战性，又要在学生的能力范围之内。教师可以根据学生的学习情况和认知水平，设计不同难度层次的问题，满足不同学生的学习需求。

问题要具有开放性和综合性。开放性问题可以激发学生的创新思维和想象力，综合性问题可以培养学生综合运用知识的能力。教师可以通过引入实际生活中的化学问题、设计实验探究问题等方式，提高问题的开放性和综合性。

问题之间要具有关联性和系统性。教师可以将问题设计成问题链或问题组，引导学生逐步深入地学习和探究化学知识，形成完整的知识体系。

3. 丰富教学方法

采用多样化的教学方法，如实验探究法、小组讨论法、案例分析法等，激发学生的学习兴趣和积极性。教师可以根据教学内容和学生的实际情况，选择合适的教学方法，让学生在不同的教学方法中体验到学习的乐趣和成就感。

充分利用现代教育技术手段，如多媒体教学、网络教学等，为学生提供丰富的学习资源和多样化的学习方式。教师可以通过制作精美的课件、录制微课视频、建立网络学习平台等方式，拓展学生的学习渠道，提高教学效果。

4. 完善评价方式

建立多元化的评价体系，综合评价学生的学习过程和学习结果。评价内容不仅包括学生的考试成绩，还包括学生在问题解决过程中的表现、合作学习能力、创新思维能力等方面，评价主体可以包括教师、学生、家长等，实现评价的全面性和客观性。

评价要及时、具体、有针对性。教师要在学生解决问题的过程中及时给予评价和反馈，指出学生的优点和不足，并提出具体的改进建议，帮助学生不断提高问题解决能力。

鼓励学生进行自我评价和相互评价。学生通过自我评价可以发现自己的不足之处，及时调整学习策略；通过相互评价可以学习他人的优点，拓宽自己的思维视野。

第三节　跨学科教学在高中化学问题解决教学中的应用

跨学科教学在高中化学问题解决教学中具有重要的应用价值，可以从以下几个方面体现。

一、丰富问题情境

1. 结合物理知识

在讲解化学反应中的能量变化时，教师可以引入物理中的热力学知识，如热量的传递、能量的守恒等。通过分析化学反应中化学键的断裂和形成与能量变化的关系，让学生理解化学能与热能、电能等其他形式能量之间的转化。例如，在原电池的教学中，教师可结合物理中的电学知识，解释电子的流动方向、电流的产生以及电极电势的概念，帮助学生更好地理解原电池的工作原理。

当涉及物质的状态变化时，教师可以联系物理中的物态变化和分子运动理论。比如，从物理角度解释固体、液体和气体的分子间作用力和分子运动状态，进而帮助学生理解物质在不同状态下的化学性质差异，如溶解度、反应速率等。

2. 融合生物学知识

在学习有机化学中的生物大分子时，教师可以结合生物学中的细胞结构和功能知识。例如，讲解蛋白质的结构和性质时，教师可联系生物体内蛋白质的功能，如酶的催化作用、抗体的免疫功能等，让学生理解蛋白质在生命活动中的重要性。同时，通过分析蛋白质的变性过程，引导学生思考在生物实验中如何保持蛋白质的活性以及在日常生活中如何合理烹饪食物以减少蛋白质的损失。

在探讨环境保护问题时，教师可以结合生物学中的生态系统知识。例如，分析化学污染物对生态系统的影响，包括对生物体的毒害作用、对食物链的破坏以及对生态平衡的影响等，让学生从化学和生物学两个学科的角度思考如何减少化学污染，保护生态环境。

3. 关联地理知识

在学习化学资源的开发和利用时，教师可以结合地理学中的矿产资源分布和地质构造知识。例如，讲解金属矿物的提取方法时，教师可以联系地理中的地质成矿条件，让学生了解不同地区矿产资源的特点以及开发利用的难度。同时，通过分析化学工业对地理环境的影响，如酸雨的形成、水污染等，引导学生思考如何在资源开发过程中保护环境，实现可持续发展。

在探讨大气污染问题时，教师可以结合地理中的大气环流和气候知识。例如，分析大气污染物的扩散规律与大气环流的关系，以及不同气候条件下大气污染的特点，让学生从地理和化学两个学科的角度思考如何减少大气污染，改善空气质量。

二、拓展问题解决思路

1. 多学科方法综合运用

在解决化学实验设计问题时，教师可以综合运用物理、生物学和地理等学科的实验方法和技术。例如，在设计测定化学反应速率的实验时，可以借鉴物理中的测量方法，如使用计时器测量时间、使用传感器测量温度等；同时，可以结合生物学中的实验设计思路，如设置对照组和实验组，控制变量等；还可以考虑地理因素对实验结果的影响，如海拔、气温等。

在分析化学工艺流程问题时，教师可以运用物理中的物质分离方法，如蒸馏、过滤、结晶等；可以结合生物学中的生物技术，如发酵、酶催化等；还可以考虑地理中的资源分布和环境因素，优化工艺流程，提高资源利用率，减少环境污染。

2. 培养跨学科思维能力

通过跨学科教学，培养学生的综合分析和解决问题的能力，让学生学会从不同学科的角度看待同一个问题，寻找不同学科之间的联系和共性，从而拓展问题解决的思路。例如，在解决能源问题时，教师可以引导学生从化学、物理、生物学和地理等多个学科的角度进行分析，探讨不同能源的来源、性质、利用方式以及对环境的影响，提出综合的解决方案。

培养学生的创新思维和实践能力。跨学科教学可以激发学生的好奇心和创造力，让学生在不同学科的交叉领域中寻找创新点。例如，在开展化学研究性学习活动时，教师可以鼓励学生结合其他学科的知识和技术，进行创新性的实验设计和项目研究，提高学生的实践能力和综合素质。

三、提升学生综合素养

1. 增强知识的连贯性和系统性

跨学科教学可以打破学科之间的界限，让学生看到不同学科之间的联系和相互作用，从而增强知识的连贯性和系统性。例如，在学习化学与生活模块时，教师可以结合生物学、地理和物理等学科的知识，让学生了解化学在日常生活中的广泛应用，以及化学与其他学科之间的关系。通过这种方式，学生可以更好地理解知识的本质和内在联系，提高学习效果。

在复习备考过程中，跨学科教学可以帮助学生整合不同学科的知识，形成完整的知识体系。例如，在复习化学综合题时，教师可以引导学生从物理、生物学和地理等学科的角度分析问题，运用多学科知识解决问题，提高学生的综合解题能力。

2. 培养学生的团队合作和沟通能力

跨学科教学通常需要学生进行小组合作学习，共同解决问题。在这个过程中，学生需要与来自不同学科背景的同学进行沟通和交流，学会倾听他人的意见和建议，发挥各自的优势，共同完成任务。这种团队合作和沟通能力对于学生的未来发展具有重要意义。

例如，在开展跨学科项目研究时，学生可以组成跨学科小组，分工合作，共同完成项目的设计、实施和报告撰写等工作。在这个过程中，学生需要不断地进行沟通和协调，解决遇到的问题，提高团队合作的效率和质量。

3. 提高学生的社会责任感和创新意识

跨学科教学可以让学生了解化学在解决社会问题中的重要作用，培养学生的社会责任感。例如，在学习环境保护、能源开发、食品安全等方面的内容时，教师可以引导学生从化学、生物学、地理和物理等多个学科的角度进行分析，提出解决方案，让学生认识到自己作为未来社会的建设者，应该承担起保护环境、推动可持续发展的责任。

同时，跨学科教学可以激发学生的创新意识，让学生在不同学科的交叉领域中寻找创新点。例如，在开展科技创新活动时，教师可以鼓励学生结合化学、物理、生物学和地理等学科的知识和技术，进行创新性的实验设计和项目研究，培养学生的创新能力和实践能力。

第四节　信息技术与高中化学问题解决教学的深度融合

一、信息技术在问题情境创设中的应用

信息技术在问题情境创设中具有广泛而有效的应用，以下是一些具体表现。

1. 利用多媒体资源激发兴趣

动画演示。动画可以生动地展示化学现象的微观过程，如化学反应中分子的破裂与重组、化学键的形成与断裂等。例如，教师在讲解氧化还原反应时，可以用动画展示电子的转移过程，让学生直观地理解氧化还原反应的本质，从而引发学生对相关问题的思考，如"电子为什么会转移？""如何判断一个反应是不是氧化还原反应？"等。

视频展示。播放与化学相关的实验视频、生活中的化学现象视频等，可以快速吸引学生的注意力，激发学生的学习兴趣。比如，

教师可以播放化学实验中神奇的颜色变化、剧烈的反应现象视频，或者展示生活中食品添加剂的作用、环境污染的化学成因等视频，引导学生提出问题，如"这些颜色变化是怎么产生的？""食品添加剂对人体到底有哪些影响？"等。

2. 借助虚拟实验创设情境

模拟危险或难以操作的实验。有些化学实验具有一定的危险性或对实验条件要求较高，难以在课堂上实际操作。教师可以利用虚拟实验软件模拟这些实验，让学生在安全的环境中观察实验现象。例如，模拟浓硫酸的稀释实验，学生可以直观地看到错误操作可能导致的危险后果，进而引发对实验安全问题的思考，如"为什么不能把水倒入浓硫酸中？""正确的稀释方法是什么？"等。

自主探索实验变量。在虚拟实验中，学生可以自主改变实验条件，观察不同条件下的实验结果。这有助于学生理解实验变量与实验结果之间的关系，培养学生的问题解决能力和科学探究精神。比如，在探究影响化学反应速率的因素实验中，学生可以在虚拟实验中分别改变温度、浓度、催化剂等条件，观察化学反应速率的变化，从而提出问题，如"温度是如何影响化学反应速率的？""催化剂的作用机理是什么？"等。

3. 运用在线资源拓展情境

化学数据库。教师可以引导学生查询化学数据库，了解各种化学物质的性质、用途、制备方法等信息。学生在查询过程中可能会发现一些有趣的现象或问题，从而激发他们的探究欲望。例如，学生在查询某种新型材料的化学性质时，可能会提出"这种材料是如何合成的？""有哪些潜在的应用价值？"等问题。

在线学习平台。许多在线学习平台提供了丰富的化学学习资源，包括问题讨论区、案例分析、微课程等，教师可以利用这些平台为学生创设问题情境，引导学生参与讨论和学习。比如，教师可以在学习平台上发布一个关于化学污染的案例，让学生分析污染的成因、危害以及解决方法，从而引发学生对环境保护和可持续发展的思考。

4.通过互动软件增强参与感

化学游戏软件。设计一些与化学知识相关的游戏软件，让学生在游戏中学习化学知识，解决化学问题。例如，化学拼图游戏、化学方程式配对游戏等，可以帮助学生巩固化学知识，同时还能激发他们的学习兴趣。在游戏过程中，学生可能会遇到各种挑战和问题，如"如何快速完成拼图？""怎样正确配对化学方程式？"等，从而促使他们积极思考和探索。

互动课件。教师可以制作具有互动功能的课件，如点击特定区域显示相关信息、拖拽元素进行组合等。这种互动性可以让学生更加积极地参与到学习过程中，提高他们的学习效果。例如，在讲解元素周期表时，教师可以制作一个互动课件，让学生通过点击元素符号了解该元素的性质、用途等信息，或者让学生拖拽元素进行化学反应的模拟，从而引发学生对元素性质和化学反应规律的思考。

二、信息技术在自主探究中的应用

信息技术在高中化学自主探究中有着广泛而重要的应用，具体如下。

1. 提供丰富的学习资源

在线课程平台。学生可以通过各种在线课程平台，如慕课（MOOC）、网易云课堂等，找到与高中化学相关的优质课程资源。这些课程由专业的教师录制，内容涵盖了化学的各个领域，包括基础知识讲解、实验演示、难题解析等，学生可以根据自己的学习进度和需求，选择适合自己的课程进行自主学习。

例如，对于在课堂上没有完全理解的化学反应原理部分，学生可以在课后通过在线课程平台找到专门讲解这一内容的课程，进行有针对性的学习和巩固。

化学数据库。化学数据库为学生提供了大量的化学物质信息、反应方程式、实验数据等。学生在进行自主探究时，可以通过化学数据库，了解各种化学物质的性质、用途、制备方法等，为自己的探究提供数据支持。

比如，当学生对某种新型材料感兴趣时，可以通过化学数据库查询该材料的化学组成、结构特点、性能优势等信息，从而深入了解这种材料，并进一步探究其在不同领域的应用前景。

2. 辅助实验探究

虚拟实验室。虚拟实验室软件可以模拟各种化学实验，让学生在虚拟环境中进行实验操作。这对于一些危险、昂贵或难以在现实中进行的实验来说，是一种非常有效的替代方式。学生可以在虚拟实验室中反复尝试不同的实验条件和操作方法，观察实验结果，从而加深对化学知识的理解。

例如，在学习化学平衡这一内容时，学生可以通过虚拟实验室进行影响化学平衡的因素实验，如改变温度、浓度、压力等条件，观察化学平衡的移动情况，从而更好地理解化学平衡的原理。

实验数据分析软件。在进行化学实验探究时，学生往往需要收集和分析大量的实验数据。实验数据分析软件可以帮助学生快速、准确地处理实验数据，绘制图表，进行数据分析和统计。这不仅提高了学生的实验效率，还培养了他们的数据分析能力和科学探究精神。

比如，学生在进行酸碱中和滴定实验时，可以使用实验数据分析软件记录和分析实验数据，计算出未知溶液的浓度，并通过绘制滴定曲线，观察滴定过程中的变化趋势。

3. 促进交流与合作

在线学习社区。在线学习社区为学生提供了一个交流和合作的平台，学生可以在社区中与其他学生、教师或化学爱好者进行交流和讨论，分享自己的学习经验和探究成果，提出问题，寻求帮助。这种交流与合作可以拓宽学生的视野，激发他们的学习兴趣和创新思维。

例如，学生在进行某个化学课题的自主探究时，可以在在线学习社区中发布自己的研究进展和遇到的问题，与其他成员进行讨论和交流，获得不同的观点和建议，从而更好地推进自己的探究。

协作工具。协作工具如在线文档、思维导图软件等，可以帮助学生进行团队合作和项目式学习。学生可以通过这些工具共同制订研究计划、分工合作、整理和分享研究成果，提高团队协作能力和问题解决能力。

比如，在进行一个关于环境保护的化学项目研究时，学生可以使用在线文档协作工具共同撰写研究报告，使用思维导图软件整理研究思路和成果展示，从而提高项目的完成质量和效率。

4. 提升学习效率和管理学习进度

学习管理软件。学习管理软件可以帮助学生制订学习计划、记录学习进度、设置提醒等。学生可以根据自己的学习目标和时间安排，合理规划自己的学习任务，提高学习效率。同时，学习管理软件还可以为学生提供学习反馈和评估，帮助学生了解自己的学习情况，及时调整学习策略。

例如，学生可以使用学习管理软件制订每周的化学学习计划，将学习任务分解为具体的知识点和时间节点，并设置提醒功能，确保按时完成学习任务。软件还可以根据学生的学习记录和测试成绩，提供学习建议和改进方向。

移动学习应用。随着智能手机和平板电脑的普及，移动学习应用为学生提供了更加便捷的学习方式。学生可以随时随地通过移动学习应用进行化学学习，查看学习资源、进行练习测试、参与讨论等。这使得学生能够充分利用碎片化时间进行学习，提高学习的灵活性和自主性。

比如，学生在等公交车、排队等碎片化时间里，可以打开化学学习应用，进行知识点的复习、做几道练习题或者查看化学新闻和科普文章，不断积累化学知识。

三、信息技术在合作学习中的应用

信息技术在高中化学合作学习中有着诸多重要的应用，主要体现在以下几个方面。

1. 沟通与交流平台

即时通信工具。像微信、QQ等即时通信工具可以让小组成员随时随地进行沟通交流，学生可以在讨论化学问题时及时分享自己的观点和想法，快速解决疑惑。例如，在合作探究某个化学反应的机理时，小组成员可以通过文字、语音甚至图片、视频等方式交流自己的思考过程，共同分析反应的各个阶段和可能的产物。教师也可以加入小组讨论，适时给予指导和反馈，促进合作学习的顺利进行。

在线协作平台。如腾讯文档、石墨文档等在线协作平台，小组成员可以共同编辑文档、制作表格、绘制思维导图等。在进行化学实验报告的撰写时，小组成员可以分工合作，分别负责不同的部分，同时实时查看和修改其他成员的内容，提高工作效率。对于复杂的化学问题解决方案的制订，小组成员可以通过在线协作平台共同绘制流程图、概念图等，清晰地展示问题的解决思路和步骤。

2. 资源共享与整合

云存储服务。百度网盘、坚果云等云存储服务可以让小组成员方便地共享学习资源。例如，小组成员可以将收集到的化学实验视频、学习资料、文献等上传到云盘，其他成员可以随时下载查看，拓宽学习视野。在进行化学项目研究时，小组成员可以将各自收集到的数据、图片等资源存储在云盘中，方便进行整合和分析。

在线学习资源平台。利用在线学习资源平台，如中国大学MOOC（慕课）、学堂在线等，小组成员可以共同学习相关的化学课程，获取专业的知识讲解和实验演示。同时，学生还可以在平台上参与讨论区的交流，与其他学习者共同探讨化学问题，借鉴他人的学习经验和方法。教师也可以根据合作学习的主题，在在线学习资源平台上筛选合适的学习资源推荐给学生，引导学生进行有针对性的学习。

3. 展示与反馈

多媒体展示工具。利用幻灯片、Prezi等多媒体展示工具，小组成员可以将合作学习的成果以生动形象的方式展示出来。例如，在汇报化学实验的过程和结果时，学生可以通过图片、图表、动画等形式展示实验数据和现象，使汇报更加直观、清晰。在进行化学知识科普宣传时，多媒体展示工具可以帮助小组成员制作吸引人的宣传材料，强化宣传效果。

在线评价平台。借助在线评价平台，如问卷星、班级优化大师等，小组成员可以对彼此的表现进行评价和反馈。评价内容可以包括参与度、合作能力、知识掌握程度等方面。通过评价和反馈，小组成员可以了解自己的优点和不足，及时调整学习策略，提高合作学习的质量。教师也可以通过在线评价平台对小组的整体表现进行评价，给予鼓励和建议，促进小组的不断进步。

四、信息技术在教学评价中的应用

信息技术在高中化学教学评价中有着广泛而重要的应用，主要体现在以下几个方面。

1. 多元化的数据收集

在线测试平台。利用在线测试平台可以快速、准确地收集学生的学习数据。教师可以根据教学内容和目标，设计不同类型的测试题目，如选择题、填空题、简答题等，并通过在线测试平台发布给学生。学生在规定时间内完成测试后，平台会自动批改并生成详细的成绩报告，包括学生的得分、错题分布、答题时间等信息。

例如，在学习完一个单元的化学知识后，教师可以通过在线测试平台进行单元测试，及时了解学生对知识的掌握情况。同时，教师还可以根据成绩报告分析学生的薄弱环节，为后续的教学提供有针对性的指导。

学习管理系统。学习管理系统可以记录学生在学习过程中的各种数据，如登录时间、学习时长、参与讨论的次数、提交作业的情况等。这些数据可以反映学生的学习态度和参与度，为教学评价提供重要的参考依据。

例如，教师可以通过学习管理系统查看学生的学习轨迹，了解哪些学生积极参与学习活动，哪些学生需要更多的关注和督促。同时，教师还可以根据学生的学习时长和作业完成情况，给予相应的评价和奖励，提高学生的学习积极性。

2. 个性化的评价反馈

智能辅导系统。智能辅导系统可以根据学生的答题情况和学习数据，为学生提供个性化的评价反馈。例如，当学生做错一道题目时，系统会自动分析错误原因，并给出详细的讲解和解题思路，帮助学生及时纠正错误。同时，系统还可以根据学生的学习进度和能力水平，推荐适合的学习资源和练习题，实现个性化的学习指导。

例如，在学习化学方程式的配平时，学生如果在某个步骤出现错误，智能辅导系统可以有针对性地讲解配平的方法和技巧，并提供一些类似的练习题让学生进行巩固练习。

电子档案袋。电子档案袋可以记录学生在学习过程中的各种作品和成果，如实验报告、小论文、项目设计等。教师可以通过查看学生的电子档案袋，了解学生的学习过程和进步情况，给予个性化的评价和反馈。

例如，在进行化学实验教学时，学生可以将自己的实验报告、实验数据、实验照片等存入电子档案袋。教师可以根据学生的实验报告和数据，评价学生的实验操作技能和科学探究能力，并提出具体的改进建议。

3. 可视化的评价结果展示

数据可视化工具。数据可视化工具可以将学生的学习数据以直观、形象的图表形式展示出来，如柱状图、折线图、饼图等。教师可以通过这些图表快速了解学生的学习情况和整体水平，为教学决策提供依据。同时，学生也可以通过可视化的评价结果，了解自己在班级中的位置和进步情况，激发学习动力。

例如，教师可以使用数据可视化工具展示学生在历次考试中的成绩变化趋势，分析学生的学习状态和进步情况。同时，教师还可以将学生的成绩分布情况以饼图的形式展示出来，让学生了解自己在班级中的位置和与其他同学的差距。

多媒体汇报展示。学生可以利用多媒体工具，如幻灯片、视频等，将自己的学习成果进行汇报展示。教师和其他同学可以通过观看汇报展示，对学生的学习成果进行评价和反馈。这种方式不仅可以提高学生的表达能力和信息技术应用能力，还可以让学生在展示过程中获得成就感，增强学习信心。

例如，在进行化学项目学习时，学生可以将自己的项目研究成果制作成幻灯片或视频，在班级中进行汇报展示。教师和其他同学可以根据汇报内容和展示效果，对学生的项目研究进行评价和提问，促进学生之间的交流和学习。

第五节 项目式学习的高中化学
问题解决教学

项目式学习在高中化学问题解决教学中具有独特的优势和价值。

一、项目式学习的概念与特点

项目式学习是一种以学生为中心的教学方法，通过让学生参与真实的、有意义的项目，在问题解决的过程中学习知识和技能。在高中化学中，项目式学习具有以下特点。

1. 真实性

项目通常来源于实际生活、科技前沿或社会热点问题，具有很强的真实性和现实意义。学生在解决这些问题的过程中，能够更好地理解化学知识在实际中的应用。

2. 综合性

项目往往涉及多个化学知识点和技能，需要学生综合运用所学知识进行解决，这有助于培养学生的综合思维能力和问题解决能力。

3. 自主性

学生在项目中具有较高的自主性，可以自主选择研究方法、制订实验方案、进行数据分析等。教师则扮演引导者和支持者的角色，为学生提供必要的指导和资源。

4. 合作性

项目通常需要学生以小组的形式进行合作，共同完成任务。在合作过程中，学生可以学会沟通、协作、分享和尊重他人的意见，培养团队合作精神。

二、项目式学习在高中化学问题解决教学中的实施步骤

1. 项目选题

选择一个适合高中化学教学的项目主题，可以从生活中的化学现象、环境保护、能源问题、新材料开发等方面入手。例如，"探究不同品牌牙膏中的化学成分及其功效""设计一种环保型电池"等。

2. 制订项目计划

学生以小组为单位，根据项目主题制订详细的项目计划，包括项目目标、研究方法、实验方案、时间安排等。教师对学生的项目计划进行审核和指导，确保项目的可行性和有效性。

3. 实施项目

学生按照项目计划进行研究，包括收集资料、进行实验、数

据分析等。在项目实施过程中，学生要及时记录实验数据和观察结果，遇到问题及时与教师和小组成员进行沟通和讨论。

4. 成果展示

项目完成后，学生以小组为单位进行成果展示，包括项目报告、海报展示、口头汇报等形式。展示内容应包括项目背景、研究过程、实验结果、结论与建议等。

5. 评价与反思

教师和学生对项目进行评价和反思，评价内容包括项目成果、学生参与度、团队合作、问题解决能力等方面。通过评价和反思，学生可以了解自己在项目中的表现和不足之处，为今后的学习和项目实施提供经验教训。

三、项目式学习在高中化学问题解决教学中的优势

1. 提高学生的学习兴趣和积极性

项目式学习将化学知识与实际问题相结合，让学生在问题解决的过程中感受化学的魅力和价值，从而提高学生的学习兴趣和积极性。

2. 培养学生的综合能力

项目式学习要求学生综合运用化学知识和技能，同时还需要学生具备沟通、协作、创新等能力。通过项目式学习，学生的综合能力可以得到全面提升。

3. 促进学生的自主学习和合作学习

项目式学习强调学生的自主性和合作性，学生在项目中需要自主学习和探索，同时还需要与小组成员进行合作和交流。这有助于培养学生的自主学习和合作学习能力。

4. 增强学生的社会责任感

项目式学习通常涉及社会热点问题，学生在解决这些问题的过程中，可以了解化学对社会的影响，增强社会责任感。

项目式学习是一种有效的高中化学问题解决教学方法。通过项目式学习，学生可以在解决实际问题的过程中学习化学知识和技能，提高综合能力，增强社会责任感。

以下是一个项目式学习的高中化学问题解决教学具体案例。

项目主题：探究补铁剂中的铁元素

【项目背景】

在日常生活中，人们常常会使用补铁剂来预防和治疗缺铁性贫血。然而，补铁剂中的铁元素以何种形式存在？如何检测补铁剂中的铁元素？这些问题对于学生来说既具有现实意义，又能激发他们的学习兴趣。

【项目目标】

1. 了解铁元素在人体中的重要作用以及缺铁性贫血的危害。

2. 掌握常见补铁剂的种类和特点。

3. 学会运用化学实验方法检测补铁剂中的铁元素。

4.培养学生的问题解决能力、实验操作能力和团队合作精神。

【项目实施步骤】

（一）项目启动

教师介绍项目背景和目标，引发学生的思考和讨论。

学生分组，每组4至6人，确定小组名称和成员分工。

（二）知识学习

学生通过查阅资料、观看视频等方式，了解铁元素的性质、人体对铁元素的需求以及缺铁性贫血的症状和治疗方法。

教师讲解常见补铁剂的种类、特点和使用方法，以及化学实验中检测铁元素的方法。

（三）问题提出

各小组根据所学知识，提出关于补铁剂中铁元素的问题，如"补铁剂中的铁元素以何种形式存在？""如何检测补铁剂中的铁元素？"等。

教师引导学生对问题进行筛选和整理，确定本次项目的研究问题。

（四）实验设计

各小组针对研究问题，设计实验方案，包括实验目的、实验原理、实验步骤、实验仪器和试剂等。

教师对各小组的实验方案进行审核和指导，提出修改意见。

（五）实验探究

各小组按照实验方案进行实验探究，记录实验数据和观察结果。

在实验过程中，学生要注意安全，严格按照实验操作规程进行操作。

教师巡视指导，及时解决学生在实验中遇到的问题。

（六）数据分析与结论

各小组对实验数据进行分析，得出实验结论。

各小组撰写实验报告，总结实验过程和结果，回答研究问题。

（七）成果展示与交流

各小组制作展板或幻灯片，展示自己的实验成果和心得体会。

教师组织学生进行成果交流和分享，互相学习和借鉴。

教师对各小组的项目实施情况进行评价和总结，提出改进意见和建议。

【项目评估】

（一）评估方式

教师评价：教师根据各小组的实验方案、实验过程、实验结果、实验报告和成果展示等方面进行评价。

小组互评：各小组对其他小组的项目实施情况进行评价，包括实验设计、实验操作、数据分析、成果展示等方面。

学生自评：学生对自己在项目中的表现进行评价，包括参与度、合作能力、创新意识、问题解决能力等方面。

（二）评估标准

1. 实验方案：实验目的明确，实验原理正确，实验步骤合理，实验仪器和试剂选择恰当。

2. 实验过程：实验操作规范，实验数据准确，实验安全意识强，团队合作精神好。

3. 实验结果：实验结果可靠，能够回答研究问题，得出合理的结论。

4. 实验报告：报告内容完整，格式规范，数据分析准确，结论合理，心得体会深刻。

5. 成果展示：展示内容丰富，形式新颖，能够清晰地表达实验成果和心得体会。

【项目拓展】

1. 进一步探究不同补铁剂的效果和副作用，为人们选择合适的补铁剂提供参考。

2. 研究铁元素在其他领域的应用，如钢铁工业、环境保护等。

3. 开展科普宣传活动，向同学们和社区居民介绍缺铁性贫血的预防和治疗方法，增强大家的健康意识。

通过这个项目式学习案例，学生可以在解决实际问题的过程中，深入了解化学知识在日常生活中的应用，提高实验操作能力和问题解决能力，同时培养团队合作精神和创新意识。

结 语

学本课堂视野下的高中化学问题解决教学是一种富有创新性和实效性的教学模式，它以学生为中心，以问题为导向，通过自主探究、合作学习等方式，培养学生的问题解决能力和创新精神，提高学生的化学学科素养。在教学实践中，我们要不断探索和创新，积极应对各种问题和挑战，努力提高教学质量和效果，为培养具有创新能力和实践能力的高素质人才做出贡献。